The DRUCKER LECTURES

ESSENTIAL LESSONS ON MANAGEMENT, SOCIETY, AND ECONOMY

1991-2003

ACHIEVEMENT PUBLISHING

はじめに

大学の階段教室。その机の端にちょっと腰を落としながら、ドラッカーの目はメガネの厚いレンズを通して学生たちを見つめ、その学生の耳はドラッカーの一言一言に釘付けになっています。教室には、ドラッカーのバリトンのような声が響きわたり、そのオーストリアなまりのことばには、まるでザッハトルテのような濃厚な味わいが感じられます。

あらかじめ用意した講義用のノートにはまったく目もくれません。ときおり話をやめて自分の考えをまとめるその姿は、まるで大量の情報をダウンロードしているコンピューターさながら。再び元の話に戻ると、ダウンロードした事実や数字を見事に折り込みながら自説を展開するのです。

ドラッカーの話はまさに変幻自在、実にさまざまな話題が飛び出してきます。原価会計の議論がいつのまにか脱線してメソポタミアの都市国家の話になったかと思えば、高等教育や医療の歴史の紹介に移っています。けれども、どういうわけか、最後にはそうした話題を上手にまとめ上げてしまうのです。それは魔術師も顔負けの見事さで、ドラッカーの手にかかると、支離滅裂な話も見事な作品に仕上がります。その講義はどこまでも魅力とユーモアにあふれ、ある学生に言わせると、陽気なスタイルのおかげで、「がらんとして殺風景な階段教室が心地よい空気に満ちあふれた快適な居間に」変身する、というわけです。

P.F.ドラッカー。最高の経営思想家として世に広く認められ、三九冊の著作があることは、今さら紹介する必要もないでしょう。なかでも『企業とは何か』(一九四六年)、『現代の経営』(一九五四年)、『経営者の条件』(一九六七年)、『マネジメント――課題、責任、実践』(一九七三年)、『イノベーションと企業家精神』(一九八五年)、『明日を支配するもの――21世紀のマネジメント革命』(一九九九年)といった著作はあまりにも有名です。

残念なことに、ドラッカーは二〇〇五年、九六歳の誕生日を目前にして亡くなりました。生前、ドラッカーの講義を直接聴いた人たちは、著作には表れないドラッカーの一面を目の当たりにする機会に恵まれました。このシリーズを刊行する目的は、そうした講義を聴いた人たちと同じ経験を伝えることによって、読者にドラッカーの新たな一面を発見できる機会を提供することにあります。

私が取り上げた講義の時期は一九四〇年代から永眠する直前まで、つまり半世紀に及んでいます。言い換えれば、テレビ放送時代の幕開けからインターネット時代まで、また、第二次世界大戦から二〇〇一年九月一一日［訳注：アメリカ同時多発テロ事件］の余波が残っているときまで、あるいは、蒋介石政権の誕生から世界的な経済大国として中国が台頭するまで、といった時代の変遷に伴って行なわれた講義を紹介しています。その分量が少しばかり多いため、読者の便宜を考えて二分冊にしました。ぜひ、通読してください。通読すればきっと、ドラッカーの半世紀がはっきりと読者の中に浮かび上がってくるでしょう。

ドラッカーの語り口がとても控えめになるときもあります。たとえば「どの話から始めればいいのでしょうね」、「私の話はうまくないね」といった具合です。けれども、普段の話しぶりは理路整然としていて、しかもその口調は自信に満ちています。たとえば、一九九一年にワシントン経済クラブでスピーチしたときには、こんなふうに断言しています。「一九五〇年以降、有効に働いた政策はひとつもありません」

そして、信じられないほど大胆になることもあります。たとえば、二〇〇一年の講義では、品質管理のグルであるW・エドワーズ・デミングを「完全に時代遅れ」だとばっさり。それでもたまには、踏み込みすぎることもあります。たとえば、変化の激しい世界経済について語った一九九七年のスピーチでは、「今後一〇年以内に、カナダが分裂するのかどうか、誰もが関心を持っています」と語っているのです。

こうした数々の講義で光っているのはなんと言っても、その博識ぶりです。たとえば、一八世紀の政治家や一九世紀の小説家を即興的に引き合いに出すことも珍しくはありません。また、ドラッカーは荒唐無稽な考えをする人物でもありません。「とにかく具体的な内容の質問をしてくださいませんか」と、一九八一年、ニューヨーク大学での講義を終えたところで要求しています。そして、「というのも、この講義では高尚な概念にあまりにも時間をかけすぎたものですから」と続けています。

ドラッカーの著作をよく読んで勉強している人たちは、本シリーズを読み進めるにつれて、なじみのあるテーマにたくさん出会うはずです。例を挙げれば、自分自身の経営、ボランティア活動の重要性、企業の実践と成果に集中する必要性などなど。ときどき、ドラッカーは講義の中で自分のアイデアの有効性を検証しようとしています。そして、そうしたアイデアがしばらくたつと活字になって紹介されるのです。つまり、教室がその発想を育む、ある種の培養皿の役割を果たしている、ということです。

ひとつだけこのシリーズを貫いている主題があるとすれば、それは、ドラッカーが過去半世紀にわたる仕事を通してひたすら取り組んできたテーマ、〝生産活動から知的活動への歴史的な変化〟ではないかと思います。一連の講義の中で、ドラッカーはさまざまな角度から、肉体の筋力に代わって脳力を駆使することの意味を探究しています。この探究が始まったのは一九五七年です。この年に開催されたある国際的な経営者会議でのスピーチで、「知識を武器に働く人たち」という初期の有名な概念を盛り込んだのがきっかけになったのです。

もちろん、本シリーズには、自他ともに認めるドラッカーの信奉者にとっても、文字通り目新しい識見が豊富に紹介されています。いわゆるサプライズもひとつやふたつではありません。ドラッカーは、筆を持つ手に代わって口を動かすとき、その調子は著作の文章よりもずっと柔らかくなるようです。しかも、話をするときには、妻のドリスや子どもや孫を登場させて、プライベートで温かい味付けをする場面もたくさんありました。受講者の様子を見ながら、それに合わせるように話を進め、ますます興味深い講義になることもあります。たとえば、ドラッカーが非営利の決定的な重要性について長広舌をするときなどがそのよい例でしょう。しかし、この話題に触れる場合、日本人の聴衆を前に自分の考えを展開するときには、また別の側面を見せるようです。

このシリーズを読者に興味深く読んでいただけるとすれば、それは、半世紀にわたる時代の流れを最初から最後まで反映しているからでしょう。言い換えれば、本シリーズは、ドラッカーが非凡で、しかも生産的な人生を送ったことの証明でもあるのです。各セクションは時代を一〇年ごとに区切ってあります。そして、その冒頭には簡潔な解説を加えました。こうすれば、読者にもドラッカー哲学の進化が把握できると考えたからです。

私が取り上げた半世紀にわたる講義は、一九四三年に行なわれたものから始まっています。この講義が行なわれた当時、ドラッカーは世の中に次のように喧伝《けんでん》されていました。「刺激的で大いにためになる」。と同時に「堅実な理論家」、「平均的なビジネスパーソンでも十分に理解できることばで」話す力のある人物。そして、ドラッカー最後の講義が行なわれたのはその六〇年後、二〇〇三年のことです。その宣伝文句は六〇年前と少しも変わってはいませんでした（その唯一の例外はドラッカー本人の聴覚だけのようです）。

本シリーズでは、最初と最後の講義、そしてその間に行なわれた三一回の講義を、クレアモント大学院のドラッカー・インスティテュートで働く優秀なアーキビスト〔訳注：古文書の収集、分類や保管にあたる専門職員〕、ブリジェット・ローラーの力を借りて選び出しました。私たちが心がけたのは、少なくとも書物の形になって出版されたことのない講義を掘り起こすことでした。その上で、それぞれの講義について、私がわかりやすく、そして読みやすくなるように手を入れ編集しました。この作業を行なうと同時に、取り上げた講義の内容が互いに重複しないように、もし重複があってもそれが最小限になるように、気を配ったつもりです。したがって、その痕跡が少しばかり顔を出すかもしれませんが、はっきりそれとわかる重複はひとつもないと確信しています。

取り上げた講義の中には、教室ではなく、演台に立って行なわれたものもいくつか含まれています。というのも、そこでドラッカーは注目に値する見事な文章を残してくれているからです。けれども、講義のほとんどは、教室の中で肩の力を抜いて話している姿を撮影したビデオから文字に書き起こしたものです。そのおかげで、私は思う存分、不要な部分をカットし、文脈の整理をし、そして新たな構成に仕上げる作業に取り組むことができました。これは〝大手術〟でした。簡単な化粧直し程度ではすみませんでした。したがって、読者がこれからお読みになろうとしている講義は、単なる「講義からの引用」というよりも、「講義からの再構成」と考えていただいたほうが的を射ていると思います。

潔癖主義の人たちは、この私の手法に不満を感じるかもしれません。そう考えて、講義のオリジナル版を閲覧したいという読者のために、クレアモントの門戸を開放してあります。私としては、この仕事に全力投球したつもりです。誰でも読んで楽しめる書物にすると同時に、あらゆるマネジャーが第一に背負う責任だとドラッカーが信じている行動基準に一貫してこだわって作業を進めました。これは、あらゆる編集者にとっても適切なアドバイスになっていると思います。
つまり、「何があろうと、決して道をはずすことなかれ」ということです。

カリフォルニア州クレアモントにて
リック・ワルツマン

THE DRUCKER LECTURES :

ESSENTIAL LESSONS ON MANAGEMENT, SOCIETY, AND ECONOMY

by PETER F. DRUCKER

Edited and with an Introduction by Rick Wartzman

知識は絶えず磨かれ鍛えられ、そして育まれなければならない。怠れば衰退あるのみ。

——P．F．ドラッカー

目次

社会セクターの時代……46
一九九四年――東京で開催されたあるシンポジウムでの講演

知識労働者と知識社会……62
一九九四年――ハーバード大学、エドウィン・L・ゴッドキン記念講義

政府を生まれ変わらせる――次の展開……74
一九九四年――アル・ゴア副大統領が主宰したナショナルパフォーマンスレビューの一環として、ワシントンで連邦政府の官僚に向けて行なわれたスピーチ

まずは自己を管理し、それから会社を……88
一九九六年――スロベニアの国際エグゼクティブ育成センターでの講演

医療について……98
一九九六年――ハーバード・メディカルスクールでの講演

変化を続ける世界経済……109
一九九七年――ロサンゼルス・ジョナサンクラブでのスピーチ

規制緩和と日本経済……123
一九九八年――パノマ・カレッジ・環太平洋研究所での講演

自分自身を経営する……134
一九九九年――ノンプロフィット・マネジメント（現在の名称はリーダー・トゥ・リーダー・インスティテュート）のためにピーター・F・ドラッカー財団がロサンゼルスで行なったカンファレンスにおける講演

教えることから学ぶことへ……145
一九九九年――監査法人アーサーアンダーセンがスポンサーになった〝将来の学校〟カンファレンスでの講演

二〇〇〇年代

グローバル化について 二〇〇一年――クレアモント大学院大学での講義 …… 162
非営利組織を経営する 二〇〇一年――クレアモント大学院大学での講義 …… 171
会社の未来 I 二〇〇三年――クレアモント大学院大学での講義 …… 184
会社の未来 II 二〇〇三年――クレアモント大学院大学での講義 …… 195

一九九〇年代

P・F・ドラッカーは一九九〇年に『非営利組織の経営』を出版しました。当時、シアーズ、ゼネラル・エレクトリック（GE）、シティコープその他有名企業の経営者に対するアドバイザーとして著名になる一方で、ガールスカウト、救世軍そしてケアといった社会セクターのコンサルタントも数多く務めています。

そのアドバイスは広い範囲にわたっており、とりわけドラッカーはこうした組織に対して、次のような根源的な問いかけに取り組むべきだと説いていました。それは、あらゆる企業が答えを迫られる五つの質問で、具体的には「われわれの使命は何か」「われわれの顧客は誰か」「顧客が重視するものは何か」「われわれはどんな成果を上げているのか」「われわれはどんな計画を立てているのか」ということです。

ドラッカーが非営利組織との仕事に熱心に取り組み始めたのは一九四〇年代のことです。そうして社会セクターとは「目的を与える、方向性を与える」領域なのだと考えるようになるにしたがって、時間とともにその関心が高まっていったのです。初めのうちドラッカーは、個人個人が日頃の仕事の中で、つまり〝工場コミュニティー〟と名付けたものを通して、こうした本質に気がつけばよいと思っていました。

ところが、工場が次々と閉鎖に追い込まれ、雇用環境がますます不透明になっていくのを目の当たりにして、ドラッカーは「この工場コミュニティーが一向に定着しなかった」ことを認めました。これが原因で、非営利組織の存在がさらに危うくなっていったのです。それは彼らのサービスを受ける人たちだけにとどまらず、ボランティアにとっても事情は同じでした。

私たちが直面する問題に対処するために、「社会セクターの内外における市民的行動が切り札になるわけではありません」と、ドラッカーは一九九三年の著書『ポスト資本主義社会』で述べ、さらに「しかし、社会的行動はこうした難局に立ち向かうために準備する必要があるのかもしれません。この社会的行動が市民精神の表れである市民の責任とコミュニティーの証《あかし》である市民の誇りを復活させてくれるのです」と続けています。

新たな優先課題

一九九一年——ワシントン経済クラブでのスピーチ

私は長年にわたって歴史の研究に携わってきました。歴史家にとってのミステリーのひとつとして、二〇〇〇年あるいは三〇〇〇年ごとにいきなり世界が激変する、そんな時代があります。それはまるで、万華鏡を回すような現象と言ってもいいでしょう。つまり、中に入っている断片は同じなのに、見えるものがまったく違うという現象です。しかも、そうした時代の渦中にいる人たちには、たいていの場合、世界が変化する前にそれがどのような姿に変わるのか見当さえつけられないのです。この現象が西暦一五〇〇年前後に起こりました。そこに待っていたのは、一四九二年にコロンブスが切り開いたすばらしい世界でした。当時はそんな変化の時代だったのです。

私たちは宗教改革〔訳注：一六世紀のヨーロッパで展開された一連のキリスト教改革運動〕のあとの一五二五年当時、非常に有名な人物が書いた手紙を保管しています。そこにはこう書かれています。「私は息子に自分の育った一四八〇年代のことを教えようとした。しかし無理だった」。今から二〇〇年前にもこれと同じ現象が起こりました。この現象は、アメリカ独立革命〔訳注：一七七五～一七八三年〕と、その約五〇年後に起きたナポレオン戦争〔訳注：一八〇三～一八一五年〕がきっかけになり、見られるようになったのです。当時は誰ひとりとして、自分の父親が生まれた時代の世界のありようを理解できなかったのではないでしょうか。

私たちも今、そんな時代に生きているのです。私の推測では、その時代の半ばは過ぎていると思います。そうは言っても、まだそうした時代の半分でしかありません。現代という時代は一九七三年に始まっており、その歩みはきわめて速いのです。それがいかに速いかということをお伝えするために書いたのが『新しい現実』です。これを書き終えたのが一九八八年九月で、翌年八九年の春に出版されています。

この著作の中で私が予言したのは――いいえ、予言したというよりも注目したのは、共産主義のゆるやかな崩壊と共産主義体制の解体でした。今から二年半前の八九年の初め、この著書が出版されたとき、批評家は口を揃えて「著者の頭はどうかしている」と言いました。そこで、この著書の発行人がヘンリー・キッシンジャー氏に書評を依頼しました。するとキッシンジャー氏からは、次のような返事が返ってきました。「長年お付き合いしている関係なので、ドラッカーさんがもうろくしたとは言いたくありません」

これは一九八九年の初めの話です。この発行人とは四〇年来の知己ですが、その付き合いの中で初めて、彼は私に「五年以内にドイツが統一される可能性が非常に高いだろう」と書いた文章の削除を求めてきました。こんなふうでした。「よく考えてくださいよ。その歳になって今さらとぼけたことを書かなくてもいいでしょう」

私は予言をしたのではありません。ただ窓の外を見ていただけです。予言をするつもりもありません。それを学んだのは一九二九年のことでした。そのとき私は、イギリスの有力紙「マンチェスター・ガーディアン」に初めてまともな働き口を見つけました。そしてその年の一〇月に、ニューヨーク証券取引所の大暴落は長く続くはずはないと予言してしまったのです［訳注：この大暴落を契機として起こった恐慌は世界の産業や経済に大きな打撃を与え、一九三三年ごろまで続いた］。以来、二度と予言をするつもりはありません。だから私は窓の外を見ていたにすぎないのです。

それはわずか二年半前の出来事です。ゴルバチョフ氏〔訳注：一九八五年ソ連共産党書記長に就任。政治・経済・文化面の諸改革に取り組むとともに東西の軍縮、緊張緩和を推進。九〇年大統領制を導入し初代大統領となったが、九一年ソ連の解体とともに辞任〕がやがて行き詰まるのは明らかでした。予言する必要などありませんでした。ロシア帝国が崩壊に向かっていることははっきりしていました。ところが、誰もそれを想像できなかったのです。

国務長官のジェームズ・ベイカー氏〔訳注：在任一九八九～九二年〕は、あるとき自分のスピーチ原稿に、とても無邪気な雰囲気の表現をもぐり込ませたことがあります。それは「われわれ合衆国は中国崩壊のときの準備を整えている」という主旨でした。実際のことばは違いますが、非常に巧妙で、けれども誰もが理解できる表現でした。この二〇世紀が終わるまでに伝統的な中国が復活する可能性はきわめて高い、と私は考えています。つまり、巨額の税金を浪費する形だけの中央政府があり――要するに、何もしないのです――多様な地域を監督する経済の司令官をいただく、そんな中国が出現するということです。また中国は、極東の統一経済圏の中心的な存在にも成長するでしょう。

私たちが今生きているのは、そうした急速な変化が起こっている時代なのです。しかも新しい世界観の要素の中には、すでによく見えているものがいくつかあります。なかでも重要なのは、フランス革命〔訳注：一八世紀末、フランスで起きた市民革命。絶対王政を倒し、アンシャン＝レジーム（旧制度）の封建的なしきたりを廃止した〕前後からこのかた、先進国にいる私たちが社会による救済をずっと信じてきたことではないでしょうか。それを最も極端な世俗的宗教にしたのが共産主義です。

私の最初の仕事は、一九二九年、「マンチェスター・ガーディアン」紙のモスクワ特派員でした。この仕事をしているうちに、私は左翼支持者になりたいという思いから解放されました。それはちょうど、スターリン〔訳注：一九二二年ソ連共産党中央委員会総書記に就任、二四年のレーニンの死後、党の実権を掌握。三六年新憲法を制定し、反対派の大粛清を行なった〕政権下のソ連が二〇〇〇万人ものクラーク（富農）を一掃した年でした。私はずっと、夜中に叫びだしたくなるような不安感や恐ろしい悪夢で目を覚ます日々が続いていました。けれどもそれは、世界中に広まっていた信仰、つまり社会を変えることによって、昔のアダムを生まれ変わらせ、そして完全な人間である新しいアダムを創造することができるという信仰の極端な表現にすぎませんでした。アメリカでこの動きが頂点に達したのは、ケネディ政権〔訳注：一九六一～六三年〕の時代でした。今ではこんな考えは存在しません。社会による救済の信仰は消滅してしまったのです。

信仰というものが再び重要になる時代に私たちが戻ることになるのかどうか、あるいは信仰といったものがまったく存在しない時代に入ろうとしているのかどうか、私にはわかりません。けれども、私たちはもう社会による救済を信じることはありません。それを復活させる道はないのです。

もっともっと重要なことがあります。この二〇〇年間、問題は「政府は何をすべきか」でした。一七九二年、ある非常に頭のよい男が「政府に何ができるのか」という問題を提起しました。しかし、誰ひとり聞く耳を持ちませんでした。この二〇〇年間、問題はただひとつ、政府は何をすべきかであって、政府に何ができるのかではなかったのです。一九四四年にようやく、高名な社会哲学者で経済学者のフリードリッヒ・アウグスト・フォン・ハイエク氏が『隷属への道』という著作を出版しました。ここでのハイエク氏の議論は、もし政府ができることをそのまま実行すれば独裁政治になる、ということに尽きます。誰も政府ができることに対して疑いを持たなかったのです。

ただし、今のわが国と同じような国々、つまり効率のためではなく自由のために政府の権力に歯止めをかける国々と、当時のような効率第一主義の国々との違いだけは存在していました。この「政府は何をすべきか」という議論が盛んになったのは一九六〇年代の後半だった、と思います。そして今になってまた、「政府に何ができるのか」が問題になっているのです。

一九六八年に私は『断絶の時代』を出版しました。ここで初めて〝民営化〟ということばを提示しています。政府というものは決して民営化しません。けれども、私たちがすでに「政府は何をすべきか」という問題に決着をつけたことは明らかでした。ただし、「政府に何ができるのか」という問題は一筋縄ではいきません。

私がアメリカにやって来てこの町に住み着いたのは一九三七年のことです。当時はイギリスの新聞の特派員で、ヨーロッパを離れて目の当たりにしたのは、ニューディール政策〔訳注：一九三三年以降、フランクリン・ルーズベルト大統領が大恐慌による不況の克服を目的として実施した一連の社会経済政策〕がどれも実際に効果を上げているというまったく信じられない光景でした。ニューディールの中には十分に練られていない政策もありましたが、とにもかくにも成果を上げていました。ところが、一九五〇年以降、有効に働いた政策はひとつもありません。

これはなにもアメリカだけに限ったことではありません。唯一の例外は日本ですが、今になって機能停止が始まっています。日本以外では、イギリスでも、ドイツ、フランスでも、有効に働いた政府の政策など、ただのひとつもありません。こうした国々では結局どこも同じで、とんでもない額の資金を注ぎ込み、たいていは美しい新古典様式の建物を建てるだけで終わっています。

この会場の中には、そしてこの国の中には、連邦議会か大統領が新しい政策を打ち出せば、それがうまく機能すると信じている人はひとりもいないでしょう。こうなると、誰もが皮肉屋になってしまいます。危険な状態です。私たちが口にするのは、「そうなるといくら資金が必要なのか」ということばかりで、誰ひとり「何をしようとしているのか」とは聞きません。なぜかと言えば、もう誰も政策など信じていないからです。これは斜に構える姿勢ではなく、むしろ経験のなせる技です。ぶつけるべきなのは「政府に何ができるのか」という素朴な問いかけです。この質問は二〇〇〇年間忘れられていました。問われなければならないのは、一体、政府の実行力、責任とは何なのかという問題であって、政府のご立派な意図は何かではないのです。

もうひとつ見えているのは、私たちが欧州経済共同体〔訳注：欧州石炭鉄鋼共同体加盟の六か国が一九五八年に結成した、地域的経済統合を目的とする機関〕によって歴史上初めて生み出された経済に今、移行しているという事実です。一方で、好むと好まざるとにかかわらず、そしてみんながみんな歓迎するとは限らないにしても、私たちアメリカ人には北アメリカ経済共同体が存在しています。これは連邦議会が関税同盟〔訳注：ふたつ以上の国家相互間で関税を撤廃または軽減する一方、第三国に対する共通の関税制度を設立することを目的とする同盟〕を可決するかどうかという問題とはほとんど関係がありません。なぜなら、この共同体はすでに八〇パーセントまで統合が進んでいるからです。

今から五〇年先に、歴史家はこれまでヨーロッパで起きたことよりも、これからアメリカで起ころうとしていることのほうが重要だと説くだろう、と私は予想しています。もし今から一〇年前に、メキシコ政府がアメリカとの関税同盟を持ちかけるだろうと言ったとしたら、みなばか笑いしたでしょう。みなさんのメキシコについての知識はさておき、メキシコの歴史は次の一文に集約できます。つまり、「メキシコの目的は、リオグランデ〔訳注：アメリカとメキシコとの国境を流れる河川〕を大西洋よりも少しばかり広くすることだった」。

また、メキシコにはこんなことわざがあります。「もしゾウとベッドを共にしても、具合がよいわけがない」。つまり、このゾウも、いつも具合がよかったわけではないのです。しかも、メキシコの政策はこれまでどれもこれも失敗に終わっています。というのも、それらの政策にはすべて、手に負えない、厚かましい、押しの強い、危ないヤンキーどもからメキシコを経済的・文化的に独立させるというたったひとつの目的があったからです。そこでついに彼らは、アメリカ人を打ち負かせないなら、アメリカの軍門に下るしかないと認めたわけです。これは歴史における偉大な逆転のひとつではないでしょうか。

コロンブスが日本と間違えてアメリカを発見してからすでに五〇〇年がたっています。そして今、私たちはそのアメリカを再発見する作業を進めています。この五〇〇年間に新世界で生まれてきたつながりはすべて、新世界とのつながりではなく、旧世界とのつながりでした。私の妻にはアルゼンチン人のいとこが何人かいます。彼らは一八五二年にアルゼンチンに移住したあと、ひとりの例外もなくイギリスの学校に入学しています。これは今でも続いています。妻のいとこのロベルトは、マサチューセッツ工科大学で勉強しました。それでもこの国に住んでいる私たちは、いまだに南アメリカのことをよく知りません。

ところが今、南アメリカの人たちの目は、東ではなく北を向いています。私たちはと言えば、環太平洋諸国についての予測に対してことごとく疑いの目を向け始めています。私の考えでは、実際の統合はアメリカ諸国の間で起こるはずです。

私たちはすでに、資本が希少な資源だった社会から知識が希少な資源である社会へと移行してしまいました。そうした社会では、知識のある人が収入を得られるのです。日本政府は今、アメリカに投資して日本から工場を移しています。それは、日本にブルーカラーの労働力が希少だから、なのではありません。それは、ブルーカラーの労働力が社会投資に対して生み出すリターンがまるで期待できないから、なのです。子どもが高校を卒業するまでに――そこで何か勉強したかどうかは別の話です――その投資額は一〇万ドル近くにもなります。もしその子どもがブルーカラーになったら、投資額は取り戻せないでしょう。日本ではなんとしても、自分の子どもを知識労働者にしなければならないのです。

日本人がこの事実を公言したことはありません。それは、あまり一般的な議論ではないからです。しかも彼らは、ブルーカラーの労働力を資産ではなく、負債と考えるところにまで到達してしまっています。私たちアメリカ人はまだ、ブルーカラーを生産における要素のひとつと考えています。日本人はそれを生産における重荷と考えているのです。日本の友人で、私の教え子でもあり今副大臣を務めている人物が、こんなことを言いました。「これから四〇年の世界人口を見てください。南アメリカや東アジアで労働力不足が起こるわけがありません。製造に携わる人たちが不足するはずはないのです。不足するなんて、考えられません。アメリカ人のように、それを気に病むなどという発想はお話にもなりませんね」

この話から見えてくる最も重要な課題は何でしょうか。いくつかあります。

まず、私たちが間違えて非営利セクターと呼んだものについて簡単にお話をさせてください。非営利セクターというのは法律用語であり、そして税金を集める人たちが使うことばです。私はこれを〝より利益の大きなセクター〟と呼ぶことにしています。わが国にはざっと九〇万前後の非営利組織があり、毎年、新たに三万の組織が生まれています。これはアメリカ独特の現象でしょう。二〇〇〇年になるころには、GNP（国民総生産）に占める割合が倍増し、約三パーセントにまでなると思われます。非営利はその経営資源から三、四倍の成果を生み出しています。政府は、選挙で選ばれる人物が誰であっても、縮小していくでしょう。歳入不足のままでよいわけはありません。もし私たちが深刻な社会問題を抱えたくないと思うなら、非営利セクターの効率と経営資源を増加させなければなりません。これが今から数年間にわたって取り組むべき最優先課題ではないでしょうか。そうしなければ、私たちにはきわめて深刻な事態が待っているのです。

二番目の優先課題に移りましょう。一世紀と少し前、私たちは、物を作り移動させる人たちの生産性を向上させる取り組みを始めました。それ以来現在まで、その生産性は爆発的な向上を遂げ、一一〇年の間に五〇倍にもなりました。空前の現象です。こうした生産性向上の恩恵の大半は、物質の形をとりませんでした。その五〇パーセント以上は、労働時間の減少という形をとったのです。しかしそれは、必ずしも余暇と呼べるものではありません。

私が生まれた一九〇九年には、先進国に住むほぼすべての人は、ごく一部の金持ちを除いて、年間三三〇〇時間働いていました。現在、日本人はいまだに他の国の人々よりも長い時間働いています。それでも、年間二〇〇〇時間です。わが国の場合は年間一八〇〇時間、ドイツは一六五〇時間。余暇の時間が有効に使われているかどうか怪しいものです。一日五時間もテレビを見ているのは、実にお粗末な余暇の過ごし方と言えるでしょう。けれども、それが現実の姿なのです。

昨今では、この議論は重要ではなくなっています。なぜなら、先進国で物を作り移動させている人は、全労働力の五分の一以下だからです。八〇パーセントの人は知的な仕事やサービスの仕事に従事しているのですが、控えめに言っても、そうした分野での生産性はひどいものです。実際のところは、生産性ゼロです。この会場に、一九九一年の教師の生産性が一九〇〇年の教師よりも勝っていると信じている人はいるでしょうか？　サービスの仕事となるともっと悪い。知的作業の生産性とサービスの仕事の品位こそ、私たちが次に直面する大きな課題です。しかも、政府が手を差し伸べられるようなありがたいものはひとつもありません。これこそ経営者が取り組みを迫られている課題なのです。

優先順位の三番目は何でしょうか。これは間違いなく難しいテーマです。つまり、私たちは規模の大きさが物を言う世界から、規模の大きさが意味を失った世界へと移っているということです。ご承知のように、ゾウはゴキブリよりも効率のよくない生き物です。実際、ゴキブリは、ワシントンに住んでいる人ならどなたでもご存じのように、われわれよりも長く生存しています。大きさそのものが機能を発揮し、大きいほどよいという規模の有利さは、情報とともに消滅してしまったのです。

こうなると、私たちは非常に現実的な問題に直面することになります。具体的に言えば、「昨日の規模の大きさが役に立たなくなり、現実にはたくさんの場面でそれが逆に決定的な足かせになってしまう――そんな世界への移行を私たちはどのようにして乗り切っていけばよいのだろう」という問題です。

私たちは今、構造的な変化を経験しています。こうした環境のもとでは、規模は機能によって決められるため、規模そのものが有利な条件になることは決してありません。規模の大きさは数ある戦略的な選択肢のひとつになるため、私の考えでは、経営にとっての優先課題として、私たちにとって適切な規模はどれほどかを考え抜くことが挙げられると思います。つまり、現実的に、自分たちの居場所にふさわしいと思われる規模を見つけだすという課題です。

ということは、私たちは今、これまでとは違った優先課題に満ちた世界を経験しているということになります。これはまったくと言ってよいほど新しい世界です。すでにお話ししたように、私たちは今、現代という時代が半分過ぎたところ、あるいはそれより少しばかり先に行ったあたりにいます。二〇一五年には、この時代の終わりが来るでしょう。けれども、その次の二五年間もやはり、先例のない、非常に変化の速い時代になるはずです。

私たちの目にはちょうど、そうした新しい構造の輪郭がかすかに見え始めました。政府は、何ができるか考える必要性に迫られるでしょうが、それと同時に、国境というものがますます意味をなさなくなっていくことでしょう。環境問題に対しては、国境を取り払って初めて有効な取り組みができるようになります。昨年、つまり一九九一年、歴史上初めて——私の学位は国際法なのです——すべての国々がそれぞれの国益にこだわることなく、足並みを揃えていわゆるテロリズム阻止のために結束しました［原注：湾岸戦争のこと。一九九〇年八月にクウェートに侵攻して占領したイラクに対し、九一年一月から国連の決議によって編制されたアメリカを中心とする多国籍軍が攻撃を開始し、二月末までにクウェート全土を解放した］。これは歴史上、偉大な転換点のひとつに挙げられます。北朝鮮についてもこれと同じことを目の当たりにするでしょう。これこそ、国境を越えた務めです。

私たちは国境を越えた務め、祖国のための務め、そして地域のための務めを背負っています。これは、国の政府こそ権力の中枢であり行動の中心であると考える政治科学者の世界とは、まったく異なる世界です。会場にお越しのみなさんは、すでにこの事実をはっきりと理解なさっているはずです。こうした世界をどのように組織すればよいのか、私たちがその答えにたどり着いていないだけの話なのです。

自分の居場所がわかっていますか

一九九二年──ジョージ・ワシントン大学での講義

一貫して自分自身のキャリアを磨いてきている、そんな人たちに目を向けると、そこに浮かび上がってくるのは、〝ネットワーク〟を築いている人たちの存在です。キャリアを磨くということの意味は、仕事やお金そして肩書といった類《たぐい》のものではなく、輝かしい功績や精神的充足そして貢献といったことを追求することです。この〝ネットワーク〟ということばは、今風のことばではないでしょうか。一〇年前にはこんなことばは使われていませんでした。私たちは当時、「いつも連絡を取り合っている人たち」などと言っていたものです。それが今では、「ネットワークを築いている人たち」と呼ばれるわけです。

ある意味、ネットワークを築いている人たちは、思いやりのある人になる術《すべ》を身につけています。はっきり言ってしまえば、私は、人は生まれつき思いやりがあるものだとは思っていません。生まれつき、ほかの人より礼儀正しい人も一部にはいるでしょう。けれども、思いやりとなると、果たしてどうでしょうか。ノーです。思いやりのある人になるには、いくつかの基本的なことを実践する必要があります。その具体策をお話ししましょう。

その一。思いやりのある人になるためには、備忘録を作っておくことです。その中に、一緒に仕事をしている人たちに関わる情報をたっぷりと記録しておくのです。そうすれば、電話をかけて相手にこんなことばをかけられます。「メアリー、結婚記念日だね。二〇回目の。すばらしいじゃない。おめでとう」

そしておわかりのように、結婚生活を長年無事に続けている夫婦は、夫が結婚記念日を忘れないようにしていればうまく行く、ということを学習しています。ところが三五年以上たつと、それをおぼえている夫はひとりもいなくなってしまいます。だから、記念日をカレンダーに書くのが習慣になるのです。そこで備忘録の出番です。すると、一緒に働いている人の子どもの名前や誕生日、そして結婚記念日も忘れずに備忘録に書くようになります。それが思いやりのある人になるということであり、敬意を示す姿勢なのです。

一緒に働いてきた人たちとの絆を失ってはいけません。そのためにはクリスマスカードを送るだけでは足りません。ましてや、こんな出来合いのクリスマスカードを送るのは禁物です。ゼロックスでコピーして、「ジョナス家にとってはいろいろなことがあった一年でした。孫に初めて歯が生えて……」といったようなことを書いたカードです。決してこんなカードを送ってはいけません。

けれども、タコマ〔訳注：ワシントン州にある港湾都市〕に行ったときに、転勤してそこに住んでいる知人にこんな電話をかけるのはどうでしょうか。「ジョー、今タコマに来ているんだ。君に会える時間があるかどうかわからないけど、最近はどんな様子かと思ってさ。とにかく電話してみたんだ」。ネットワークは大切にしなければなりません。

何はなくとも、ネットワークは必要でしょう。過去三年間、膨大な数の人たちが新しい仕事を探すはめに陥ってしまいました。この会場には、同じ大企業に二六年間ずっと勤務しているという方もいらっしゃるかもしれません。転職のための履歴書を書いた経験のない方もおいででしょう。それでも、またひとつ昇進したところなのに、うまく行っていたはずなのに、それなのに突然、四九歳で失業……となると、精神的なショックは大きく、悲惨です。

比較的簡単に転職先が見つかる人とそうでない人との差は一体、どこから生まれるのでしょうか。私たちはこのテーマを何度も追究してきました。どんな経験や専門的能力が、そうした差を生み出すのでしょうか。ただし、同じ年齢、同じ専門的能力、そして同じ経歴の人たちということであれば、難局をうまく乗り切れるのは、自分自身の居場所がよくわかっている人です。つまり、自分の強みや仕事の実力をちゃんと把握しており、自分自身の位置付けがしっかりとできる人です。また、難局をうまく乗り切れる人にはネットワークがある、というのも大きな違いです。彼らは、人とのつながりを決してないがしろにしません。

そうした人たちは親友というわけではありませんが、お互いの人となりをよく理解しています。ですから、そのうちのひとりが手紙を書いたり電話をかけたりしたときには、毎回すぐに反応します。たとえば、「グレゴリー、仕事の口があるけど、乗るだろ。よかったら、君のことを僕の友だちのジョーに紹介させてくれないか」と言うと、二週間後にはそのジョーとの面接が待っているという具合です。

こうしたことの繰り返しが、いかに自分自身を売り込むかということ――自画自賛ではなく己を知るということ――と、いかにうまく世渡りをするかということとのバランスなのです。つまりこれが、ネットワークというものの本当の姿です。それは人気者になることではなく、思いやりのある人になることです。思いやりのある人は、周りの人たちを道具として利用することはありません。彼らは人として付き合うのです。

その二。それは、四〇代に突入する前に、仕事とは別の活動を実生活で見つけることです。ただの趣味ではなく、活動です。そうするとまず、その活動からまったく違ったネットワークが生まれてきます。

私は六〇人ほどの経営者向けの経営学講座を担当しています。講座には宇宙航空産業に携わっている受講生がたくさんいます。この産業は最近三年間、まさに乱気流さながらの経営環境でした。少なくともこうした受講生の半数は転職を迫られました。そこで私が「どのようにして新しい仕事が見つかったのですか」とたずねると、驚くことに、大部分の人が「私は妻と一緒にあの教会に通っています。そこでボランティアもしています。あの大きな航空機メーカーで私がレイオフされたとき、すぐに新しい仕事先のきっかけをつかめたのは、その教会のボランティア仲間が紹介してくれたからです」といった類の答えをしたのです。これこそ職場以外のネットワークです。しかも、それは非常に強力なネットワークになります。

そうは言っても、こうした話よりも重要なことがあります。それは、ネットワークには人に生きる活力を与え、気持ちを豊かにする働きがあるということです。断言しますが、二〇年後には、今と変わらずやりがいのある仕事など、ほとんどなくなっているはずです。その最もまずい例を挙げてみましょう。今二八歳になってフランス史を教え始め、その仕事が気に入ってウキウキとした気分を味わい、毎日が楽しくて仕方ないといった聡明で若い大学教授の場合がそうです。彼は五〇歳になると、自分のジョークに飽きあきしてきます。その教室の空気も同じことです。そのときになって初めて、彼らは燃え尽きたと言うのです。しかし、彼らは燃え尽きたのではなく、飽きあきしているのです。そうした人たちに必要なのは、それとは別の新しい課題です。

その課題には二種類あります。最も重要で、そして最も簡単な課題、それを私は〝パラレルキャリア〟と呼ぶことにしました。わが国では、成人の半数が何らかの非営利団体で少なくとも三時間、ボランティアとして働いています。その仕事は多くの場合、封筒の宛名書きといった単純な作業ではありません。彼らは通っている教会の運営に携わっています。あるいは、ガールスカウトのトレーニングプログラムを作り、そのプログラムを運営しているのです。これらは無報酬の経営活動であり、経営者の仕事です。ときには、銀行や保険会社あるいは輸送会社よりも重い責任を負うこともあります。しかし彼らは、そうした仕事から活力を得ているのです。それは新しいチャレンジであり、新しい環境です。そして今までには存在しなかった人たちです。こうした新しいチャレンジによって、彼らは常に柔軟な創造力を維持しています。

周りの四三歳前後の大学教授を見てみると、今、何かほかのことをすべきではないかと思われる人がたくさんいます。彼らは一五年ほど前に議論していたような立派な学術書をこれから先、出版することはありません。ささやかな雑誌の記事が二件掲載された程度です。それだけの実績しかありません。仮に彼らが優秀な学者であったとしても、それももう過去の話です。柔軟性や順応性はすっかり消え失せてしまっています。立ち往生しています。しかもそれは、日常の仕事でだけ、というわけではありません。彼らは未熟なまま歳をとってしまい、立ち往生しているのです。

次に、彼らとは違った人たちに目を向けてみます。思いがけないことに、四六歳の同僚で、それほど優秀な学者ではないけれども、教室に入ると今も昔と変わらず、情熱にあふれた講義をする人がいます。この同僚は本職とは別に、ボーイスカウト団の経営をしており、週末になると新しい課題に取り組んでいます。週末ごとに、九歳の子どもたちが入れ代わり立ち代わり難問をぶつけてくるからです。週末が終わって本職に戻るとき、体は疲れ切っていても、頭の中はアイデアで一杯になっているのです。

忘れないでください。職場以外でも活動をする必要があるということを。その理由は、仕事には個人の生活を完全に支配してしまう傾向があるから、もっと正確に言えば、夜自分の仕事を家に持って帰るから、です。これにはまた別の理由もあります。それは、私たちの大多数は四〇代の前半に出世・昇進という意味で天井に届いてしまう、ということです。

日常的な仕事でない何かが必要なのです。そして、その何かをいち早く自分の生活の中に定着させなければなりません。その何かとは、自分にとって意義のあるもの、自分が信じているものです。自分が役に立つ分野における何か、リーダーシップを発揮できる分野における何か、です。「私は役に立っているんだ」と言える分野での何か、です。

それと同時に、自分自身を見つめ、「いつ居場所を変えるか、いつパラレルキャリアではなく次のキャリアが必要になるか」の見きわめもすべきでしょう。

それほど昔でない過去の話をします。一〇〇年前ということにしましょうか。当時は、四三歳になると、ノースダコタの農民はまさに老人そのもの、その妻もまた、生きていたとしても老人そのものでした。彼らに働く力は残っていません。もし体が痛んでいなかったとしても――大半の人は体を痛めていましたが――労働は実に厳しいものでした。冬になると、来る日も来る日も吹きすさぶ強風の中で孤独を耐え忍んでいたものです。苦しい毎日でした。ノースダコタの大草原で働く農民は、その仕事から充足感を得るつもりはありませんでした。冬をしのいでなんとか自分の子どもを養っていければそれでよかった、そんな厳しい状況だったのです。それはただ生きることであって、人生というものではありませんでした。鉄鋼労働者にしても、その仕事から充足感を得ようとは思っていませんでした。彼らが期待していたのは、子どもを養えるだけの給料袋だったのです。

けれども、知識労働者は充足感を求めます。私たちはもう体が傷つくこともありません。デスクワークで引き起こされる最悪の痛みは、痔《じ》くらいのものですが、痔のせいで仕事ができなくなるわけではありません。だからこそ私たちは今、長時間労働の生活を送っているのです。私たちはパラレルキャリアだけでなく、セカンドキャリアについても、自力でなんとかする術を身につけなければならなくなるでしょう。どのようにして自分の活動分野を、何歳のときに変えればよいのでしょうか。

職場が自分のジャケットを脱いで引っかけるだけのところになってしまったとき、「やっと金曜日になった！」と叫んだとき、自分の無責任な仕事ぶりのせいで職場が混乱し始めたとき、そんなときは、自分自身が退屈している証拠です。退屈は命に関わる病ですから、なんとか処置する必要があります。肉体的には長く生きていながら、精神的にあまりにも未熟なまま死んでしまう……これは大変危険なことです。能力と才能を活かさないのは、いかにももったいない話です。だからこそ、「今、仕事に行き詰まっているんだ」などというセリフは聞きたくありません。「私の居場所はどこなのだろう。どんなことをすれば役に立てるのだろうか」というセリフを、私は期待しています。

社会セクターの時代

一九九四年——東京で開催されたあるシンポジウムでの講演

　このシンポジウムにお招きいただき、非営利組織についてお話ができることを非常に嬉しく思っています。非営利組織というものが私たちにとってなぜ必要なのでしょうか。その組織は何をすることが求められるのでしょうか。その組織にとって何が必要で、何が問題なのでしょうか。今日は、こうしたことに触れてみようと思います。

　現代における製造業は、農業と同じ道をたどっています。新しい雇用が巷《ちまた》にあふれており、おしなべてよい働き口ではありますが、その内容は今までにないものです。そうした仕事には何よりも、十分な就学経験と高い能力が求められるので、三〇年前の農民のように、簡単に工場で働き口を見つけられるわけではありません。三〇年前なら、貧困極まりない農場を捨てて、雇用が安定し給料のよい工場に簡単に転職できたものです。

これは社会的な転換です。といっても、政府には大したことができません。実際のところ、私たちが直面している問題は、政府がうまく対処できる問題ではないのです。政府というものは、国全体に関わる仕事を実行することには非常に長《た》けていますが、今、私たちが抱えている仕事の大半はローカルなものであって、だからこそ中央の官僚政治ではうまく行かないのです。中央ではなく地域レベルで実行すればうまく行きます。その仕事の大部分は、非常に個別具体的な仕事であり、そこで求められているのは、仕事の焦点を極端に絞り込んだ組織であり制度ではないでしょうか。

その例を二、三ご紹介しましょう。これからお話しする例は、他の先進国と同じように、日本にも十分当てはまると思います。私たちは労働者の再教育に迫られています。それは切実な要求課題で、明日の労働者を雇用しようとしている人たちと協力しながら、きわめてローカルなレベルで取り組まなければ達成できません。人のトレーニングに関して、私たちには実に豊富な知識があります。しかし労働者の能力や経験、そして与えられた時間といったものはきわめて限られていますから、彼らの再教育は次の職場で、その仕事に合わせて行なう必要があります。これは教育プログラムを作ればできるというものではありません。

しかも私たちは、教育のある人たちに対する教育という厳しい要求課題も抱えています。テクノロジーはきわめて急速に変化しています。それはハイテク分野だけにとどまりません。医薬品の分野では、その変化のスピードがさらに速くなっています。私には有名な放射線学者の甥がいます。おそらくアメリカで最も名の知れた放射線学の教授ではないでしょうか。この甥が私にこんなふうに言いました。「おじさん、もし僕が三年ごとに大学に戻ってきて六週間の講義を受けることをやめてしまったら、そのとき僕は時代遅れになったということなんだ」

私たちはこの心がけを教師に要求したいものです。とくに、大学の教師に。はっきり言ってしまえば、今の大学の教育レベルは世界中どこでも、とんでもなくお粗末なのですから。私たちは、この心がけをほとんどすべての職業に要求しなければなりません。公認会計士にも、そして経営者にも。私たちは、高等教育を受けた成人に対して継続的に教育ができる施設を作る必要に迫られています。繰り返して言えば、これこそがローカルな要求課題なのです。あちこちにある大学がこの課題に個別に取り組まなければならないのです。

私たちに必要なのは、ローカルな社会的要請に応えられる非営利組織です。アルコール患者のリハビリテーションもそのひとつで、しかも私たちはその手法をすでに確立しています。三〇年前なら、まだその手法はありませんでしたが、現在では、その手法により、きわめて高い確率で成功させています。おそらく五〇パーセント、六〇パーセントの成功率です。このリハビリの主体はローカルのグループで、メンバーの大半は元アルコール患者です。国のレベルで実行されているわけではありません。政府が手がけているアルコール患者、麻薬患者のリハビリプログラムは、どれもこれも失敗に終わっています。ボランティアによるローカルのプログラムが、目覚ましい成果を上げているのです。そして、そのボランティアの大半はかつてその苦しみを味わった人たちなのです。

同じような観点から、私たちにとって最大の要求課題に取り組むためには、ローカルのボランティアが必要です。その要求課題とは、若者を計画的に外国の文化に親しませるための仕組みづくりです。ご承知かもしれませんが、四人いる私の子どものうち三人は、若いとき海外で働いた経験があります。ひとりは日本で三年間、ひとりはフランス、そしてもうひとりは南アメリカです。その経験のおかげで、子どもたちは信じられないほど変わりました。基本的な物の見方が変わったのです。

また、私の孫のうちふたりは、かつて日本に住んだことがあります。ひとりはほぼ一年近く日本の高等学校で勉強し、もうひとりは大学を卒業すると、六か月間ソフトウェアの設計者として日本で働いていました。これによってふたりの孫には大きな変化が生まれました。私たち家族にこれができたのも、世界中に友人がいるおかげです。

けれども、これが正しい方法だと申し上げるつもりはありません。組織が必要になります。なりゆき任せではなく、専門的に実行する必要があるのです。この組織ができ上がると、また別の非営利団体が次々と必要になってきます。政府はこうした動きを促進させることはできても、実行そのものは無理でしょう。ローカルレベルで実行しなければなりませんし、実行の主役は、たいていの場合、ボランティアの人たちでなければならないのです。

要求課題をもうひとつ挙げてみましょう。私が子どもだったころ、ほとんどの人たちは非常に狭いコミュニティーの中で暮らし、その小さな村から、たとえば私の祖先が数百年間住み続けたイギリスの村から、脱出できませんでした。コミュニティーとは運命そのものでした。そこで生まれ、そこから出られなかったのですから。今では、まったくそんなことはありません。今の若い世代の大半は、大都市で暮らしています。物質的な面で言えば、その暮らしぶりは祖先よりもはるかに上等です。ただし、彼らには教育がありますが、コミュニティーはありません。

私たちに必要なのは市民的行動です。現代の民主制度のもとで私たちにできるのは、せいぜい投票することと税金を納めることくらいです。市民であるためには、それだけでは足りません。市民であるためには、自分の目でその成果が確かめられる、そんな何かができなければならないのです。

そうしたことから、欧米諸国においてボランティア活動が活発になりました。なかでもアメリカにはボランティアの最古の伝統があり、この動きは今、急速に西ヨーロッパに拡大しています。これが、現代人の要求を満たしています。つまり、自分の好きな分野、得意な分野で何かを達成するという要求を満たしているのです。ある人は国際的な教育の場で働くことを選び、次の人は犯罪者やアルコール患者のリハビリの仕事を選び、三番目の人は障害のある子どもの教育を選ぶ、といった具合です。こうしたさまざまな選択肢は、人々にとってとても意味のあるものです。

私の一番下の娘は、結婚してふたりの子どもに恵まれていますが、銀行で順調に仕事をこなすかたわら、地元の学校区の財務責任者を――もちろん無報酬で――務めています。この校区にはおよそ一万五〇〇〇人の生徒がいます。その仕事に取り組むのは週に二晩だけですが、本人は、こちらの仕事のほうが本物の貢献ではないかと考えています。銀行で興味の持てる仕事を見つけ、非常に高い報酬を受け取っているのに、自分の価値観にぴったりと合った何かに貢献しているとは感じられないようなのです。

私が初めて、この日本を訪れたとき［原注：一九五九年］、この国全体が背負い込んだ復興のコミットメントは途方もないものでした。日本は徹底的に痛めつけられていました。物理的に、そしてそれ以上に道徳的に壊れていました。国の誇りは傷つけられ、復興するための膨大な要求課題、つまりそのコミットメントは、途方もないものだったのです。私は帰国すると、みんなに日本は次の世代の経済大国になるだろうと説いて回りました。一九五〇年代のことですから、誰もが私の頭はどうかしていると思ったものです。さまざまな統計から、そのように読み取れたわけではありません。けれども、そこには精神があったのです。つまり、「目に物見せてやる」というコミットメントです。これは確かに達成されました。人々は勤勉に働き、よい給料を受け取り、しかも自分の会社に好ましい感情を持っています。ところが、今ではその「目に物見せてやる」というコミットメントが見当たりません。それがなくなれば、国というものは、あっという間に崩壊が始まるものです。その心を失い、魂を失うのです。私たちに必要なのは、個人個人が目に物を見せられる、コミットメントを達成できるというセクターの存在です。つまり、非営利セクターが求められているのです。

これが大きな衝撃として日本の人たちに襲いかかることはないでしょう。なぜなら、ほとんどの方はご存じないかもしれませんが、日本人にはおそらく、世界の主要国の中で最も豊かなコミュニティー組織の伝統やコミュニティーのサービス、そしてコミュニティーの責任が備わっているからです。六〇年前、私がロンドンのある銀行に勤務する若いエコノミストだったとき、まったくの偶然から日本の芸術に、続いて日本の歴史に興味を持ち始めました。私が驚嘆したのは、江戸時代［原注：一六〇三〜一八六八年］のとてもすばらしいコミュニティー文化でした。この文化のすばらしさは、当時の村や藩がローカルの要求課題に対して負っている責任の大きさにまで表れています。

日本では、義務教育が実施されるはるか以前から、ほとんどの人に読み書きの能力が備わっていました。世界で初めて普遍的に読み書きができた国、ということになります。これはボランティアが何百年にもわたって支え続けた非営利施設の成果です。こうした施設は、すべての藩にありました。それらを開校したのは文人でした。その大半は大名の支援をほとんど受けていません。大きな支援をしたのはコミュニティーだったのです。その一部は武士だけを教育していましたが、ほとんどの施設では、一生懸命勉強したいという希望者なら誰でも受け入れていました。みなさんがご存じかどうかわかりませんが、明治時代［原注：一八六八～一九一二年。日本が国際舞台に登場してくる時代］を築いた人たちはひとりの例外もなく、こうした文人による学校の出身者です。つまり、ボランティアによる非営利のローカルな組織の出身者なのです。

日本にはきわめて豊かな伝統があります。アメリカにも教会を中心にでき上がったコミュニティーサービスのすばらしい伝統がありますが、そのアメリカと並んで、この日本にも、コミュニティー組織の、コミュニティー団体の、そして非営利組織の最も豊かな伝統があると言ってよいでしょう。今こそ、その伝統を再発見し、再び命を吹き込むときです。なぜなら、政府にはそれができないからです。これからの二〇年、あるいは三〇年、政府は独裁政治をしない限り、今より強力になることはありません。その力を弱めていくでしょう。

政府はあまりにも多くのことに手を出しすぎました。それ自体の財政規模よりも肥大化してしまいました。日本は破綻に陥っていないただひとつの国です。他の先進諸国の政府はどこも、破綻しているのに増税ができないでいます。もし増税ができても、その先にはインフレーションか景気後退が待っているだけです。そうした政府は縮小を迫られ、新しい政策には乗り出せません。しかも、そうした政策は、政府が苦手にしているもの、つまり、ローカルのコミュニティーが手がけなければならない仕事なのです。

ここでお話ししているテーマは、政府のことでもビジネスのことでもありません。アメリカや西欧諸国の人たちはおよそ六〇年前から七〇年前に、ふたつのセクターについての議論を始めました。それは、〝民間セクター〟つまりビジネスのことであり、〝公共セクター〟つまり政府のことです。私たちが次の三〇年あるいは四〇年間で作り上げようとしているのは第三のセクター、つまり〝社会セクター〟です。政府はこのセクターに取り込まれるでしょう。政府はその中で役割を果たすことになります。そして、ビジネスはこのセクターの奥深くに取り込まれることでしょう。

おそらく他のどこの国よりも、日本ではこの傾向が強いはずです。その理由は簡単で、日本のビジネスは最も組織化が進んでいるからです。日本では、大きな「系列〔原注：歴史的なつながりと株式の持ち合いによって作り上げられた企業のネットワーク〕」を背景にし、メインバンクを後ろ楯にして、組織化された業界グループを力にしながら、ビジネスの活動ができるのです。

したがって、日本における社会セクターは、ビジネスによって大きく左右されるでしょう。具体的に言えば、ビジネスの資金だけではなく、ビジネスのリーダーシップ、ビジネスの関わり方にも左右される、と私は考えています。

その兆候がすでに見られます。日本に注目してみると、経団連と比較できるものは世界のどこにもありません。それはただ単に影響力という観点からだけではなく、責任という観点からも言えます。確かに、経団連は利益集団の代表、主に大企業の代表です。けれども、社会における大きなビジネスの代表でもあるのです。同じような組織は他のどの国にも見当たりません。したがって、日本にはすでに非常に強力な社会的非営利セクターが存在している、ということになります。おそらく日本人自身がそれに気がついていないだけではないでしょうか。

これが――私はこれを確実に予測できると思っています――現代の先進的な社会の成長分野になるはずです。その姿は信じられないほど多様になります。というのも、要求課題が非常に多様になるから、そして現代の社会が非常に多様化しているからです。親密な人間関係を維持し、そして環境を汚染から守ることが求められています。学習に障害を持つ子どもたちに何らかの手を打つことも求められています。だとすれば、リハビリテーションの必要性も生まれます。

また、昔の一般的な生存期間をはるかに超えて生き永らえていながら、助けが必要な老いた人たちも実にたくさん存在しています。たぶん、彼らは悪い膝関節の取り替えを終えてしまっているでしょうから、誰かの手を借りてまた歩けるようになる訓練をしなければなりません。あるいは、脳卒中に見舞われ、誰かの手を借りてもう一度話す練習をしなければなりません。そこにボランティアの必要性が生まれるのです。確かに、人を指導し生き永らえさせる専門家がいるに違いありませんが、この仕事はほとんどの部分、「この人は私の隣人です。私のコミュニティーにはこうした人たちがいるのです」と言う人の手を借りなければできないことなのです。

つまり、私たちはあらゆる種類の社会的要求課題を抱えているわけです。さらに、非営利団体は専門集団、すなわちひとつのテーマに専念する団体でなければならないこともわかっています。昨日、私はこのシンポジウムの主催者である友人たちと食事のテーブルを囲みました。それは非常に興味深い場でした。その席には、あるスポーツクラブでモーターボートファンの代表を務める紳士と、環境保護団体の代表者も隣同士で座っていました。モーターボートファンの代表者は環境問題にまったく興味がなく、環境保護団体の人もモーターボートに少しも関心を示しませんでしたが、お互いに違うふたりだからこそ、その団体の力になれるのです。

ふたりにはある一点を目指す目的、信じられる対象、真剣に打ち込めるものがあります。それこそが、非営利組織に必要なものなのです。

この会場で私をご存じの方の大半は、私が企業経営を研究している人間だと思っておいででしょう。それはアメリカの場合でも同じです。けれども、それは間違った認識です。今から五〇年ほど前、私は〝経営はしょせん経営である〟ことを学びました。それは、大学の経営でとてもつまらない仕事をしたからです。最悪の経営者だったのです。それはひどい仕事ぶりでした。私は自分のしていることを自分自身で把握しなければならないと悟りました。立派な心構えだけでは足りないことも学びました。そして、聡明な人間であるだけでは足りないとも考えました。経営の手法を自分のものにする必要があったのです。

そこで、この四〇、五〇年間、私は自分の時間の半分を割いて、非営利活動に取り組んできました。たとえば、シンフォニーオーケストラ――ちなみに、私の考えではこれが最も興味深い組織です――や病院、大学そして教会などです。もし、私にひとつ貢献できることがあるとすれば、それは経営をもう少しだけよくするための力になれることでしょうか。最初のころ、非営利の人たちは、非常に驚いていました。「私たちが経営しているのは非営利団体ですよ。何のために経営をしろとおっしゃるのですか。経営はビジネスが目的なのでは？　私たちは損益のことなど考えていませんよ」。そこで私はこんなふうに答えました。「損益を考えていらっしゃらないからこそ、ますます経営というものが必要になるのです」

だとすれば、仕事の成果をどのように評価すればよいのでしょうか。私はこのシンポジウムのあと、次の火曜日に帰国してその足でワシントンに行き、あるカンファレンスで私たちがこれまで小さなグループを作って取り組んできた成果を紹介することになっています。私たちはそれを「非営利組織のためのドラッカー財団自己評価ツール」と呼んでいます（このツールの最新版は『経営者に贈る5つの質問』という書籍になっています）。ここでもこんな質問を投げかけています。「この組織で私たちが生み出している成果は何か」。これは病院やコミュニティー組織にとって、答えるのが非常に難しい質問です。しかも急所を突いています。立派な心構えだけでは足りないのです。むしろそれは、単なる時間の無駄です。お金は別にして、最も大切な財産はと言えば、それはボランティアの善意と勤勉さではないでしょうか。だから、私たちは組織の経営手法を勉強しなければならないのです。

それにはさまざまな条件があります。第一に、あまりに多くのことに取り組もうとしないことです。ひとつのことに集中するべきでしょう。第二に、その仕事をうまくこなすことです。経営の目的は成果を上げることですから、立派な心構えをお題目にして経営をしてはいけません。第三に、支持してくれるグループをふたつ作ること。ひとつは、あなたが取り組んでいる仕事から恩恵を受ける人たちのグループです。もうひとつは、あなたのために働いてくれる人たちのグループ、とくにボランティアの人たちです。もしよい仕事をすれば、そこから恩恵を受ける人たちよりも、そうしたボランティアの人たちのほうがより大きな成果を手にできるかもしれません。なぜなら、彼らが実に多くのことを学んでいるからであり、また、それが彼らにとって大きな意味を持つからです。彼らには成果がはっきりと理解できるのです。

もう一度、私の一番下の娘を引き合いに出しましょう。娘は一生懸命に仕事をしています。結婚してふたりの子どもにも恵まれています。そこで私はこうたずねました。「どうして週に二晩も学校区の役員会の仕事をしているんだ」。返ってきた答えはこうです。「もちろん今の仕事はすばらしいわよ。でも、銀行ではね、自分の成果がまるで見えてこないの。私がどんな貢献をしているのか、さっぱりわからない。学校区の役員会なら、自分の仕事の成果が次の週にはわかるんだもの」。今ではこれが、当たり前のように聞こえてくるセリフになっているのです。

知識労働者と知識社会

一九九四年——ハーバード大学、エドウィン・L・ゴッドキン記念講義

知識社会は組織で働く人の社会です。伝統的な社会、つまり大規模な製造業とブルーカラーの労働者が出現する以前の社会は、自立した人たちの社会ではありませんでした。トーマス・ジェファーソン〔訳注：一七七六年に採択された「アメリカ独立宣言」を起草。その後、一八〇一年に大統領就任〕が唱えた自立した人の社会とは、農民ひとりひとりが家族経営の農場を所有し、妻や子ども以外の手を借りなくても農業が営める社会のことでしたが、それは幻想にすぎませんでした。歴史的に見ても、自立できていない人たちがほとんどだったのです。

けれども、その人たちは組織というもののために働いたのではありません。彼らは農場で、奴隷として、農奴として、あるいは使用人として、その所有者のために働いたの

です。それが職人の仕事場の場合には、一人前の職人あるいは見習い職人として、商店の場合には店員や販売員として、家庭では自由な身のあるいは隷属した召使いとして働いていました。つまり彼らは、主人のために働いていたのです。製造現場でブルーカラーの労働が出現したときも、それは変わらず主人のためでした。

一八五四年に、紡績工場の過酷な労働環境を描いたチャールズ・ディケンズの名作『ハード・タイムズ』では、労働者は所有者のために働いていたのであって、工場のためではありませんでした。ようやく一九世紀の終わりごろになって、所有者に代わって工場が彼らの雇用主になっていきました。そして〝ボス〟が〝主人〟に取って代わるのは、ようやく二〇世紀になってからのことです。このボス自身は、十中八九《じゅっちゅうはっく》、さらにその上にボスがいる被雇用者でした。知識労働者というのは、上にボスのいる被雇用者であるのに、同時に被雇用者の上に立つボスでもある、そんな被雇用者ということになるでしょう。

組織というものは、旧来の社会科学では意識されておらず、こんにちの社会科学でも一般的には意識されていません。ドイツの高名な社会学者、フェルディナンド・テンニースは一八八八年に出版した著書『ゲマインシャフトとゲゼルシャフト（共同体と社会)』で既成の人間の組織を次のふたつの共同体に分類しました。つまり、伝統的・運命的な組織であるか、人為的に作られ広く社会のコントロール下にある組織であるかのどちらかに区別したのです。テンニースは組織についてはまったく触れていません。テンニースに限らず、一九世紀から二〇世紀の初めにかけて活動していた他の社会学者の場合も、組織については触れませんでした。

けれども、組織は共同体と社会それぞれの性格の一部を取り込んではいるものの、そのどちらでもありません。それは天の定めでもありません。組織のメンバーになるかどうかは、いつでも主体的に決められます。会社や政府の行政機関に入っても、あるいは大学に就職して教鞭をとってもよいのです。生まれつき決まっているわけではありません。しかもいつでも辞められます。組織は社会でもありません。というのも、メンバーの一体化を目指しているわけではないからです。

ある企業のマーケットリサーチ担当ディレクターは、その企業以外の五、六か所の組織のメンバーとしても名を連ねています。それは教会あるいはテニスクラブかもしれません。これがアメリカ人の場合には、毎週五時間、あるローカルの非営利組織のボランティアとして、たとえばガールスカウト団のリーダーとして働くこともよくあります。

言い換えれば、組織というものは本当の意味での集合体ではなく、ツールです。つまり、あるひとつの目的を達成するための手段なのです。

ここで、初期の形態の組織に目を向けてみましょう。一七世紀以降誕生した職業としての軍隊も、ある種の組織ではないでしょうか。それは社会でも共同体でもありませんでした。近代の大学、すなわち一八一〇年にベルリン大学が設立されて以降に発展してきた大学も、ある種の組織です。教職員は自由に大学に参加し、そしていつでも辞められました。同じことが、一八世紀に生まれた公務員制度についても当てはまるでしょう。この制度はフランスが最初で、続いてヨーロッパ大陸諸国、そして一九世紀の終わりになってイギリスや日本にも出現しました。ただし、アメリカでは一九三三年、第一次世界大戦以降に生まれています。

ところが、こうした初期の組織はまだ例外にすぎませんでした。現代的な意味での組織の第一号、つまり例外というよりは原形と認められる最初の組織は、間違いなく一八七〇年以降に生まれた現代的企業体ではないでしょうか。だからこそ、今でも大多数の人たちは経営を〝企業経営〟と考えているのです。

知識社会が出現し発展したおかげで、社会というものは組織の社会へと変わってきました。私たちの大半は、組織に入り組織のために働いています。私たちの仕事の成果も、そして私たちの生活も、ともに同じように組織への関わり方にかかっています。たとえば、組織の被雇用者としての関わり方によって、あるいは組織へのサービス提供者――たとえば弁護士や運送業者――としての関わり方によって、という意味です。

組織へのサポートサービスそれ自体を行なうさまざまな組織が設立される例が増えています。アメリカで初めて法律事務所が組織化されたのは、今から一世紀余り前のことです。それまでの弁護士は、個人で仕事をしていました。ヨーロッパに初めてそれらしい法律事務所が出現したのは、第二次世界大戦後です。こんにち、法律事務所に入って仕事をする弁護士の数はますます増えています。とりわけアメリカでは、医療の分野でもこれと同じことが起きています。知識社会とは、実際に個々人の仕事が組織の内部で、そして組織を通して行なわれている社会なのです。

知識労働者の大半は、自分の労働時間の全部とは言わないまでも、そのほとんどを被雇用者として過ごすようになるでしょう。この被雇用者ということばの意味は、かつての伝統的な意味とは違っています。この現象は英語に限ったことではなく、ドイツ語でもスペイン語でも、あるいは日本語でも同じです。

個人個人を見れば、知識労働者のよりどころは仕事です。彼らは給料や報酬を受け取ります。また、雇用されていても解雇されることがあります。法律的に見れば、個人個人は被雇用者です。けれども、集合的に見れば、彼らは資本家です。自分の年金基金とその他の蓄えを通して――たとえばアメリカでは、ミューチュアルファンド［訳注：複数の投資家が資金を提供し共同で運用を行なうオープンエンド型の投資信託］を通して――被雇用者は生産の手段を所有しているからです。

伝統経済のもとでは――マルクス主義経済は除いて――全額が消費にまわる賃金の原資と資本の原資との間にはっきりとした違いがありました。両者はときに対立する関係であり、ときに利益をもたらす調和的な関係でもありました。工業化社会の社会理論の大半は、いずれにしても、この両者の関係の上になりたっています。知識社会では、両者が一体化します。年金の原資は延べ払い給与であるからこそ賃金の原資なのです。これもまた、資本の唯一の源ではないとしても、しだいに知識社会に必要な資本の主要な資源になっています。

同じように重要なのは――いいえもっと重要かもしれないのは、知識社会では被雇用者、つまり知識労働者が、再び生産する手段を有するという事実です。マルクスの偉大な洞察は、工場労働者は生産手段を所有せず、また所有できないために疎外されてしまう、と看破したことでした。マルクスは、労働者が蒸気機関を所有し、またその蒸気機関を抱えて職場を変われる方策はまったく存在しない、と指摘しました。蒸気機関を所有し、そしてコントロールしなければならなかったのは資本家だったからです。知識社会における本当の投資の対象は、機械でもなければツールでもありません。対象になっているのは、知識労働者の知識です。これがなければ機械は、それがどれほど先進的で洗練されていても、物の役には立ちません。

マーケットリサーチの専門家であるマーケットリサーチャーには、コンピューターが欠かせません。それは、個人所有のパソコンに取って代わられる傾向が強まっています。どこでも持ち歩ける安いツールだからです。マーケットリサーチの本当の資本設備とは、マーケットや統計に関する知識であり、マーケットリサーチの経営戦略への応用についての知識なのです。リサーチャーの頭にしっかりとたたき込まれたこうした知識は、その人だけの譲渡不可能な財産になります。

外科医には、病院の手術室や高価な資本設備が必要です。ただし、外科医の本当の資本投資とは、一二年から一五年間におよぶ修業と、それによって身につけた知識です。

そして、外科医が転職するときには、その知識を次の病院に持っていくのです。そうした知識がなければ、病院の手術室や高価な設備は途方もない無駄、スクラップになってしまいます。

知識労働者は、この外科医のように最先端の知識を駆使することも、または若い会計士のようにかなり初歩的な知識に頼ることも、実際にはどちらの場合もあります。どちらの場合にしても、被雇用者が役に立つかどうかを左右するのが、組織に備えられたツールや機械、そして資本ではなく、知識投資なのです。

資本家が産業労働者を必要とする以上に、産業労働者には資本家がどこまでも必要でした。これがマルクスの主張の基礎になっていました。つまり、産業労働者は常に供給過剰になる、そして彼ら自身は産業予備軍であり、賃金は最低生活水準を決して上回るはずがない――おそらくマルクスの最も困った誤り――ことを思い知る、という主張です。

知識社会において最も可能性のある前提は、そして間違いなくあらゆる組織が襟《えり》を正して行動するためのよりどころとなる前提はと言えば、知識労働者が資本家を必要とする以上に、資本家が知識労働者を必要としている事実です。すばらしい資質の知識労働者を必要数獲得するために、そこで必要な知識労働の働き口を世の中に売り込むのは、組織の仕事です。両者は相互に依存し合う関係にあります。つまり、知識労働者は組織が求めているものを身につけなければなりませんが、その一方で組織もまた、知識労働者が必要だと考えているもの、そして期待しているものを把握する必要がある、そういった関係にあるということです。

なぜなら、そうした仕事の基礎が知識にあるからです。知識を柱にした組織の全員が上司とその部下ばかりとは限りません。その形態の原形は、シンフォニーオーケストラでしょう。第一バイオリンはオーケストラの中で一番重要な楽器かもしれません。けれども、第一バイオリンの奏者はハープ奏者の上司ではありません。仲間です。ハープのパートは、ハープ奏者のパートであり、それを任せているのは指揮者でもなければ第一バイオリンの奏者でもないのです。

中世では、知識の階層についての議論が延々と繰り返されていました。つまり、哲学が知識の頂点にあると主張されていたのです。私たちはとうの昔に、こうした無意味な論争に終止符を打っています。知識には高級もなければ低級もありません。足の爪が肉に食い込んでいると患者が訴えるときに役に立つのは足の専門医の知識であって、脳外科医の知識ではありません。たとえ脳外科医のほうがはるかに長い年月修業を積み、はるかに高い報酬を取っていても、それは関係のない話です。もし、あるエグゼクティブが海外赴任を命じられたら、そこですぐ必要になるのは、外国語を流暢に話すスキルです。これは比較的簡単なスキルでしょう。現地の人なら二歳のとき、どんな立派な投資がなくても身につけられます。知識はそれが行動の中で活かされて初めて知識になるのであり、それゆえ知識社会の知識は、その内容によってではなく、それが置かれた状況に応じて階級や順位がつけられるのです。

行き着く結論はこうです。知識社会は必然的に組織の社会になることを迫られており、その生死に関わる決定的な要素が経営であるということです。

私たちが最初に〝経営〟について議論を始めたとき、このことばの意味は〝企業経営〟でした。ところが、この半世紀の間に私たちは、経営とはあらゆる組織の特徴的な手段であることを学んできました。あらゆる組織には、このことばを使うかどうかにかかわらず、経営が必要です。すべての経営者は、その組織が関わっているビジネスがどのようなものであっても、同じことをしています。経営者はみな、それぞれに違った知識を持っている人たちを指揮して、相乗的な成果を目指さなければならないのです。人間としての強みを仕事の成果に結びつけ、人間としての弱みをうまく消し去るように仕向けなければなりません。組織内部での成果が何であるかを考え抜き、目的を定義しなければなりません。経営者はみな、私が提唱する〝ビジネスの論理〟を一生懸命に理解する責任があります。つまりそれは、組織がその仕事や行動のよりどころにする前提であり、かつ、組織が手を出すべきでないものを決めるためのよりどころにする前提のことです。

あらゆる組織には、戦略を考え抜くための生体的組織が必要です。つまり、組織のゴールを実際に達成できる手段を考える組織です。組織の価値観を定義することが求められています。具体的には、信賞必罰の制度、そしてその精神や文化といったものです。組織においては、その経営者には仕事や学問としての経営の知識と、組織の目的や価値観、環境やマーケット、コアコンピタンスといった組織そのものについての知識や理解といったものの両方が必要になるのです。

実践的な仕事としての経営は、はるか昔から存在していています。歴史上最高の成功を収めたエグゼクティブは、四〇〇〇年以上前のエジプト人であることは間違いありません。彼らは参考になる前例がまったくないところでピラミッドを思いつき、それを設計し建設しました。それも記録的な速さで仕上げたのです。他の人類の仕事とはまったく違って、驚くことに最初に建設されたピラミッドは現在も存在しています。

ところが、学問としての経営の歴史はまだ五〇年にすぎません。この概念は第一次世界大戦のころにぼんやりと意識され、第二次世界大戦の時代になってようやくアメリカで生まれました。それ以来、新しい機能として急速に発展し、その研究も新しい学問として急速に進展してきています。歴史的に見て、経営ほど急速に盛んになった機能はほかに見当たりません。これほどの短い期間に、これほどまで世界的に広まった例もありません。

経営は、現在でも、大半のビジネススクールで予算立案や組織育成といった技法とセットにして教えられています。確かに経営には、他の仕事と同じように独自のツールや独自の技法があります。けれども、医療の本質が尿の分析ではないのと同じで、経営の本質は技法や手順ではありません。経営の本質は、知識を役に立つものにすることです。言い換えれば、経営は社会的な機能なのです。そして、それを実行してこそ、経営は本当の意味で自由闊達な芸術になるのではないでしょうか。

政府を生まれ変わらせる――次の展開

一九九四年――アル・ゴア副大統領が主宰したナショナルパフォーマンスレビューの一環として、ワシントンで連邦政府の官僚に向けて行なわれたスピーチ

このような立派な方々を前にして、とても重要なテーマについてお話ができることは大変嬉しく、また光栄なことだと思っております。今回の演題は、ご承知のように、「政府を生まれ変わらせる――次の展開」となっています。お話ししたいのは、みなさんの行政府の業績や成果をもっともっと積み上げるにはどうすればよいのか、ということです。みなさんの業績はまさに申し分のない立派なものですが、脆弱《ぜいじゃく》でもあるのです。ある意味で初期の段階なのです。

これからの課題は、今までに積み上げてきた実績を整理統合し、発展の新たな局面へと飛躍させることです。そこで、お話を始める前にひとつお断りをさせてください。こ

の会場にお集まりの政府関係の方々は、〝政府を生まれ変わらせる〟という演題にある、政府ということばのほうを気になさるでしょう。けれども私が力点を置きたいのは、生まれ変わらせるということばのほうです。〝生まれ変わらせる〟ことについては、少しばかりわかっているつもりです。というのも、この半世紀にわたって、あらゆる種類の組織と一緒に仕事をしてきたからです。わが国、外国――イギリス、カナダ、日本――を問わず、相当な数の政府機関や州政府、さまざまな企業や労働組合、教会や病院、そして何年も前にはわが国の軍と協力して、そうした組織を転換させる作業に取り組んできました。私は、政府関係者がおっしゃる〝組織そのものを生まれ変わらせる〟よりも〝組織そのものを転換させる〟ということばのほうが気に入っています。

とはいえ、政府のことについて、とくに連邦政府の全体像についてお話をするわけですので、部外者である私は、大いに不安を感じています。連邦政府について細かいところまで把握しているわけではありません。かつては、連邦政府と深くお付き合いし協力する機会もありました。実際に、トルーマン大統領〔訳注：在任一九四五～五三年〕やアイゼンハワー大統領〔訳注：在任一九五三～六一年〕から次官級の立場で政権入りの要請を受けたこともあります。私には「ご辞退します」とお答えする以外ありませんでした。なぜなら、私は自分が大きな組織の中では役に立たないことを、とうに自覚していたからです。足を引っ張ってしまうだけです。どんな場合にも、つまり連邦政府をはじめとするさまざまな政府――たとえば州政府、国内外の地方自治体など――に協力した際の私の立場は、アドバイザーであり、友人であり、特別職でした。しかも、どんな政府からも報酬をいただいたことはありません。

そうは言っても、私の政府関係の経験は文字通り大昔のことです。政府関係の話で語れるものと言えば、初期のケネディ政権［一九六一～六三年］での職務で終わっています。ですから、本物の専門家の方々に向かってお話しするのは、大いに不安なのです。ということで、私の無知な話をどうか寛大な気持ちでお聞きください。みなさんのような専門家にはまさに知識不足と聞こえるようなことを、間違いなく、これからたくさん申し上げるはずです。

ただし部外者、つまりアウトサイダーの立場というものには、それなりの強みもあります。アウトサイダーには細かいことまでわかりません。昔の「神は細部に宿る」という格言が真実である反面、細部だけでは裏切られることもまた真実です。大局も見なければなりません。この大局をはっきりと見て取れるのは、たいていアウトサイダーのほうなのです。

　みなさんのようなインサイダーもまた、個別具体的なプロジェクトを抱えて日々の仕事にどっぷりと浸かっていらっしゃることでしょう。私が大昔に学んだように、どんなものも仕事になってしまうと、仕上げるのに時間がかかり、苦労をさせられ、しかも絶えずそれを気にしていなければなりません。そうなると、明日のことなどあっさりと忘れてしまいます。というのも、今日という日がすでにあっぷあっぷの状態になっているからです。これとは対照的に、アウトサイダーは、仕事をして成果を上げなければならないといった不快極まりないことには関わらなくてすみます。インサイダーとは違って、アウトサイダーは、できもしないことがひとつ残らず見えたからといって、そのために身動きがとれなくなることはないのです。

　そこで、私はこれから、インサイダーのほとんどが片づけなければならないとわかっていながら、実際にはできないこともわかっている、そんな対象についてお話をします。ゴア副大統領が一年半前に〝政府を生まれ変わらせる〟ためのイニシアチブを発表したとき、国民全体の反応は冷淡で、それはまた、連邦政府に働く大多数の人たちの反応でもありました。ワシントンの人たちでさえそうでした。この会場の中にも、実は当時そうした反応をした、でも今ではその考え方を転換したという方がたくさんいらっしゃるのではないでしょうか。

当時の人たちにしてみれば、主要な政策のトップとして、この種の話はそれ以前にも聞いているように感じられたのでしょう。実際、副大統領が先の九月に初めて具体的な報告書を公開したとき、大半の人たちは「どれもこれもすでに聞かされた話じゃないか。それでも何も起こっていないんだから」と感じたものです。私の友人に、政府の高官を務め、これまで何年もかけてこの〝政府を生まれ変わらせる〟ことに努力してきた人間がいます。その人が、私にこっそりこうつぶやきました。「困ったもんだ、これでは一〇年前に出たグレース委員会報告［訳注：世界的な化学品メーカーW．R．グレース&カンパニーのCEO、J・ピーター・グレースをトップに据えた委員会による勧告。とくに数々の政府機関の〝民営化〟を提言］とほとんど代わりばえがしないし、やっぱり何も成果が上がらないだろうね」。ところがなんと、それ以来目覚ましい成果が生まれています。

それでも、ひとつ変わらないことがあります。それを認識することが重要です。わが国では、全体的に見れば――そして私独自の非科学的標本を手がかりにする限り、わが国では、政府のサービス対象の下層に実に多くの人たちが存在しています――連邦政府のしていることには、相変わらず、ほとんど関心が示されていません。たとえばワシントンの外にいる私は、それに関してごく小さな記事さえもメディアが報じたのを見たことがありません。なぜでしょうか。仕事の実績は確かに認められますし、しかも非常にすばらしいものです。けれども、なぜそれが、いまだに業績として見えてこないのでしょうか。これは非常に大切な問いかけです。なぜかと言えば、こう問いかけることによって、仕事の次の段階をどのような姿にするべきか、その手がかりが得られるからです。もし、会場においでの政府関係者が、これまでなぜ自分たちは成功を収めてこられたのかとおたずねになるなら、それに対する私の答えは簡単です。成功を収めてきたのは、仕事の実績に対するこだわりがあったからでしょう。

確かに、みなさんは今、経費の削減を訴え、必要がなくなった歳出を廃止することについて、一九九五年度予算で大いに審議しようという提案に、力を入れておられます。私に言えるのは、議会の先達の誰よりも、今のみなさんのほうが、そうした提案が議会で可決される幸運に恵まれているということだけです。そして、ご存じのように、実に多くの先達が、今と同じ歳出と政策の廃止を提案しているのです。そうした歳出や政策は、もし何らかの目的の役に立ったことがあったとしても、間違いなく、今ではもう何の役にも立っていません。

けれども、みなさんの関心の主な対象は、仕事の実績でした。それは、このオフィスやあの顧客に対してよりよいサービスができるようにする、あるいは国内の中小企業の成功を図り、世界の市場で競争できるような支援が米国輸出入銀行にできるようにする、また、あちこちでよりよいトレーニングや実績評価ができるようにする、といった仕事です。それこそが、本物の業績です。個々の変化の程度はそれほど大きくないでしょう。そうした変化の場合には、長期間にわたってなだらかな学習曲線が見られるものです。それでも立派な業績であるのは——それを過大に評価しすぎることはないと思います——連邦の権力体制全体にわたって、または少なくともそのかなりの部分にわたって、みなさんが新しいアイデアを受け入れる姿勢と責任感を生み出したからです。

これはすばらしいことです。しかし、そこでなぜその業績が注目されなかったのでしょうか。その理由は、それが〝改善〟だったからに違いありません。つまり、すでに達成されたものの改善です。個別の事業の改善だったのです。変化はこうして始まるものですが、それは、恒久的で組織的そして自己発生的な習慣にならなければ、立派な心構えだけで終わってしまいます。比喩を許していただけるなら、みなさんは大地に蒔かれた種です。ほとんどは芽を出すでしょう。けれども、その芽の多くは、収穫するところまで育たないのです。

率直に申し上げましょう。輸出入銀行の業績についての発表文を読んだとき、私は二ヤリとしました。というのも、そこで述べられていた成果はまさに、少なくとも二〇年前に、当時新任の輸出入銀行のディレクターとして働いていた私の古くからの友人を相手に、私が議論していた内容だったからです。彼は私に、今みなさんが一九九三年と九四年に達成したと報告なさっているのと同じことを成し遂げたと、得意気に報告していました。どちらの報告も事実でした。このディレクターがそれを成し遂げたのは間違いありません。

しかし、数年後にその実績は消えてなくなりました。なぜ消えたのでしょうか。それは、彼がその組織に、明確なゴールと明確な方向性と、組織的な評価基準をもとにした継続的な改善の習慣を浸透させることができなかったからです（本人がそのための努力をしたのかどうか私にはわかりません）。

個々別々の業績達成は確かに必要ですが、次の段階は、この個別の業績達成から連邦政府の機関全体を通して継続的に改善する習慣への移行です。私たちには、この手法がわかっています。ところが、みなさんの現在の取り組みとは違っているのです。この取り組みに必要なのは、今までにない組織です。なかでも、それぞれの機関には改善の具体的なゴールが必要です。たとえば、毎年三、四パーセント、あるいは五パーセントの向上といったゴールです。そこでは、評価基準が必要になります。そしてベンチマークの設定も必要でしょう。

もちろん、ベンチマークの設定そのものは、新しい概念ではありません。たとえば、米国海軍は少なくとも一〇〇年間にわたって、砲術の成績についてベンチマークを設定してきました。砲術の競い合いは、少なくともさらに一〇〇年前のイギリスの時代にまでさかのぼります。しかし、ベンチマークの設定は、成績を、ある機関の中で最高の記録と比較する、というだけの意味ではなくなっています。それは、他のどの場所であれ、そこで記録された成績――とりわけ、組織の外で記録された最高の成績――と、ある人の仕事を比較する、という意味です。この文脈と同じ流れで、政府機関の主な成果としてみなさんが報告なさる内容は、少なくとも事務的に手が加えられていると多くの外部機関が解釈しています。それは、企業だけではありません。多くの非営利組織でもそう解釈しています。

言い換えれば、みなさんは新しいアイデアを積極的に受け入れる姿勢を手に入れました。そして、その業績は決して小さくはありません。成功の実例を紹介してくださり、しかもそれは大きな業績であり、必然的な業績でもあります。けれどもこれから、こうした前提をどのように現実の業績へと転換なさるのでしょうか。現在機能している組織的で制度的かつ継続的なプロセスがなければ、そして、個々の機関が持っている比較の評価基準がなければ、これらは単なる前提で終わってしまいます。この比較というのは、連邦政府の内外を問わず誰かが記録している文字通り最高の業績と、自らが実行しているものとの比較です。さきほど比喩に出した、種から顔を出した芽には、たとえ今日のところはどれほどみずみずしくても、枯れ果ててしまう運命が待っているのです。

私たちには〝政府を生まれ変わらせる〟ことが必要です。もしこの作業に着手しなければ、これから一〇年ほどの間に、悲惨な事態に直面するでしょう。一九九二年の大統領選挙で、ロス・ペロー氏――おぼえておいでですか――が投票数のほぼ五分の一を獲得しました。ペロー氏は、彼に向けられた政治的デマによって多くの有権者がうんざりしていなければ、もっと多くの票を取ったはずです。他の違った候補者が、つまり政府のダウンサイズを主張する候補者が、選挙で勝利を収めたことでしょう［訳注：実業家として知られていたロス・ペローは二大政党の後ろ盾がない〝第三の候補〟ながら全米で候補者登録に成功、一九パーセントの得票を得るなどして「ペロー現象」を起こしたが、選挙戦に入ると突如不出馬を表明。のちに撤回したものの対応のまずさがあだとなり失速した」。

ペロー氏に投票したアメリカの選挙民の五分の一が明らかにしたのは、政府がダウンサイズされる限り、また歳入不足が解消に向かう限り、そして増税にならない限り、政府のどの部分がダウンサイズの対象なのかは彼らにとって大した関心事ではない、という事実でした。

ここに潜む危険は非常に重大です。というのも、政府は多くの大企業と非常によく似た状況にさらされるかもしれないからです。私はそれを〝診断を忘れた切除〟と呼んでいます。多くの大企業では、何を切り落とせばよいのか、なぜ切り落とすのか、そして何を残すのかといった明確な考えをまったく持たないまま、大規模な削減が行なわれてきました。大企業では競い合うように、ある年には一万二〇〇〇人をレイオフすると発表しながら、その一年後にもさらに一万二〇〇〇人をレイオフすると発表したものです。それでも結果的に、何の改善も見られませんでした。

連邦政府が本当の意味で生まれ変わる作業に着手しなければ、ダウンサイズのためのダウンサイズに見舞われます。つまりそれは、本来の機能や強さ、実行力といったもののを取り戻すためではなく、目先の数字のために行なう削減・縮減ということになってしまいます。

次の段階に必要なものは――しかも私たちにはそれほど時間的な余裕がありません――「この機関の機能は何か」という基本的な問いかけです。もし私たちが今、わかっている内容を自覚しているのにダウンサイズに取り組んでいないとすれば、私たちはその機関に加わるでしょうか。この機関の使命は、あるいはその機関が取り組むプログラムの使命は、やはりとても重要なものなのでしょうか。そしてもし重要だとしたら、どのようにしてそれをうまく成し遂げるべきなのでしょうか。また、成し遂げられるのでしょうか。

断念するべき仕事から手をつけるのは禁物です。まずは何を強化するべきか、そして作り上げるべきかを考え抜くことです。なんとか資金を節約しようとすることから始めるのはいただけません。まずは、仕事の成果を積み重ねる努力から始めるべきでしょう。どれほどの時間が残されているか、私にはわかりません。しかし、私たちが少なくとも、今政府の向かっている道を指摘しないままでいれば、残念ながら、私たちは〝診断を忘れた切除〟に向かうはめに陥るだろうと思います。

正しいことに取り組む段階になっています。農務省はきわめて明解に、使命というものについての基本的な問いかけをしています。けれども、これまでのところ、それは具体的な政策についての問いかけです。私には、「もし農務省がなくなっても、その政策を実行に移すだろうか」というふうに問いかけているとは思えません。みなさんが私のこの表現を不快だとお感じにならなければよいのですが、どうもアメリカの大衆の大多数は、この問いかけに対して、大きな声で「ノー」を突きつけるような気がします。

私たちは農務省という組織に何を求めているのでしょうか。今は農業従事者が全人口の三パーセント以下の時代です。しかも農業生産は、わが国のGNPに大した貢献をしているわけではありません。そんなときに、私たちは何を求めるというのでしょうか。独立した専門の省が必要なのでしょうか。こうした質問をぶつける必要があります。もしこうした質問が真剣に受け止められないのなら、私たちは数年以内に、頭で考える代わりに大なたを振るうことになるでしょう。私たちは政府を生まれ変わらせることをしないで、政府を徹底的に痛めつけるでしょう。

最後にもう一度、強調しておきます。みなさんが成し遂げてこられた業績はすばらしく、そして重要なことです。それは最初のステップです。今は、次の段階へ踏み出すときです。みなさんのこれまでの成功ぶりからすれば、それはできるはずです。そして、その成功を踏まえれば間違いなく、間に合わせの継ぎはぎ仕事ではなく、継続的な改善を習慣化することと〝政府を生まれ変わらせる〟ことの両方が成し遂げられるに違いないと信じています。

まずは自己を管理し、それから会社を

一九九六年――スロベニアの国際エグゼクティブ育成センターでの講演

経営についての書物はどれをとっても、私の著作も含め、周りの人たちの管理監督をすることに力点が置かれています。けれども、いの一番に自分自身を管理監督しなければ、ほかの人たちの管理監督などできるはずはありません。

エグゼクティブやマネジャーであるみなさんがお持ちの最も重要な経営資源、それはみなさん自身です。みなさんの組織はみなさん自身よりも優れた仕事はできません。ですから、このスロベニアのような国について、あるいはこの会場においでの方々が属しているような企業について、私がまず最初に申し上げたいのは、成長・発展ということです。これは非常に一般的なことばです。成長・発展はとにもかくにも、あるひとつの経営資源、つまり、実質的に自分の指揮監督下にあるひとつの経営資源の枠を、具体的に言えば自分自身の枠を、どれほどまで取り払えるかにかかっています。

長い人生の間に私が協力した組織をすべて思い起こしてみると、そこには成功を収めている組織と、せいぜい月並み程度に終わっている大半の組織との違いが見えてきます。それは、成功を収めている組織の経営者たちは、自分自身を管理監督しているということです。彼らには自分の強みがわかっています。しかし驚くことに、自分は何に長け、何が得意なのか、本当にわかっている人はほとんど見当たらないのが実情です。

私の知り合いですばらしい仕事をしてきた人のほとんど――ただし、その数はそれほど多くはないのですが――は、自分が実際には何が得意なのかを体系的に見きわめる作業をしてきています。そのためには非常に古くからある方法を使います。この方法は現代の経営手法と何の関係もなく、何千年も前からあります。

つまり、何かとても重要な仕事をするとき、大切な意思決定をするとき、とりわけ人事についての意思決定――これはみなさんにとって最も重要な決定事項です――をするとき、そういったとき彼らは必ず、期待する成果を具体的に書き出すのです。それから九か月あるいは一年たったときに、書いたことを再確認します。そうすると即座に、自分が何に長けているのかが見えてきます。即座に、何を学ぶ必要があるのか、自分は何を磨かなければいけないのかが見えてきます。そして即座に、才能のない分野も見えてくるのです。

何でも見事にこなせる天才などいません。けれども、人はそれぞれ特定の分野で非常に優秀な人間になることはできます。たとえば、私は、マーケットを観察し読み解ける人たちを目の当たりにしてきました。彼らにはどんなツールも調査も必要ありません。しかしそれが人の管理監督という話になると、彼らにはお手上げということがよくあります。だから、自分は何が本当に得意なのかを見きわめ、そして自分の強みが発揮されて成果を上げられる分野にこそ、自分自身をしっかりとはめ込むべきです。

もちろん、自分の弱点を克服する努力は必要です。しかし、必死に努力して才能のない分野でなんとか一人前になろうと頑張ってみたとしても、一流の仕事人にはなれません。自分の強みが発揮できる分野に飛び込み、その強みに一生懸命磨きをかけるなら、一流の仕事人になれるでしょう。

次に、大いに神経を遣わなければならないことは、周りの人たちをどこに、どのように配置するかです。この場合も、彼らがその強みを発揮して成果を上げられるところに配置するべきでしょう。組織を観察してみると、誰もが同じ財布、つまり経営資源を活用できます。経営資源にはまったく人格がないため、誰もが同じ資源を利用できるのです。成功を収めている組織と、大半のそうでない組織との違いは、人材配置の仕方にあります。成功している組織は、人材を成長させることに絶えず取り組んでいるだけではなく、彼らの強みが立派な成果を生み出してくれる、しかも彼らの弱点が仕事に影響しない、そんな分野に配置することを最優先に考えているのです。

ここスロベニアのような国では――後れを取り戻そうと努力し、しかもその時間的余裕がない国では――トップにいる人たちこそ模範を示すべきだと強調しても、しすぎることはないでしょう。みなさんの会社は小さくて、あまり目立たない存在かもしれません。しかし、そうした小さな会社の中では、エグゼクティブの姿が飛び抜けて目につくものです。たいていの管理監督は模範を示すことから始まります。本当に傑出した組織を眺めてみると、そこには必ず、ひとりやふたりあるいは三人、模範を示している人がいるものです。これもなるほどと納得させられる話です。トップに立つエグゼクティブが実力を発揮しているところでは、周りの人たちも自分に何ができるのか、よくわかっています。これこそ、ここスロベニアのような国においては、つまり、この二〇世紀の歴史の歩みに追いつく必要に迫られ、同時にたくさんのことに取り組まなければならないような国においては、きわめて重要なことなのです。

なかでも最も重要な分野は、個人個人の立ち居ふるまい、つまり倫理の分野だと言えるでしょう。私はいつもこれがどういう意味かとたずねられます。私の答えは非常に古くからあるもので、古代ギリシャ時代にまでさかのぼります。つまり、ミラーテストと呼んでいるもの、それが答えです。毎朝、ヒゲを剃ったり口紅を塗ったりするとき、鏡に映っている自分を見ながら、こんな問いかけをしてみてください。「鏡の中にいる人は、自分が見たいと思う人なのか。この鏡に映っているような人間になりたいか」

〝恥ずかしい〟という表現は言いすぎかもしれませんが、手を抜いているから、約束を破るから、賄賂《わいろ》を使っているから、目先の利益のために何かをしているから気持ちが落ち着かない、そんなことはないでしょうか。みなさん自身は、そういった類の人間ではないでしょうが、鏡の中に自分の現実の姿を見たいと思いますか？　これがミラーテストであり、とても重要なものです。理由は簡単。組織の外にいる人たちの目はごまかせても、組織の中にいる人たちの目はごまかせないからです。みなさん自身の立ち居ふるまいが、そのまま彼らにも反映するのです。

次に忘れてならないのは、十分な時間をかけて自分たちの事業分野の外で努力を重ねることです。大きな組織に限らず、組織というものが見舞われる大きな危険は、その中で経営者の姿が見えなくなることです。組織はみなさんのような経営者を呑み込んでしまいます。そうなると、組織内の問題に対処するため、自分の時間、自分のエネルギー、そして自分の能力のすべてを使い切ってしまうことになってしまいます。

どんな組織でも——企業の場合はとくに——その成果は組織の外で生まれるものです。この成果は、顧客のいるところだけではなく、顧客でない人たちのいるところでも生まれます。たとえ業界で独占的な立場の企業であっても、その市場全体の三分の一以上を押さえるのは非常に稀《まれ》なケースです。つまり、潜在客の三分の二は別の製品を選んでいるということです。こうした顧客でない人たちを十分に時間をかけて観察するべきです。なぜ彼らは別の製品を選ぶのか、彼らの求めているものは何なのか、と。

現実には、変化はいつの場合にも顧客でない人たちがきっかけとなって起こります。こんにち、一九五〇年代と六〇年代の先進国で業界の独占的な支配を経験した業種——自動車メーカー、商業銀行、大製鉄会社——はほぼ例外なく、守りの姿勢を続けています。そしてどんな場合でも、変化が始まるのは顧客でない人たちがいる外部からなのです。アメリカと日本の百貨店は、四〇年前には小売業界を支配していました。けれども、今では深刻な事態に陥っています。この分野での変化も、顧客でない人たちが引き金になって始まりました。百貨店の基本的な理論はこうです。夫が働きに出る、子どもは学校に行く、だから妻には百貨店で過ごせる時間が十分にあり、自分が家族や自分自身のために何かをしているという気分になる、といった理論です。

ところが女性が仕事を持つと、当然とはいえ、そうした時間がなくなります。この現象はまずアメリカで起こり、今では世界中の先進国に広がっています。こうした高い教育を受けた女性が百貨店の顧客になることは決してありませんでした。にもかかわらず、百貨店は、すべての企業の中で顧客に関する統計データを一番獲得していることが忘れられず、マーケットをあっという間に失ってしまうまで、次の世代の人たちが百貨店で買い物をするつもりがないことに気づかなかったのです。

したがって、まずしなければならないのは、報告書を当てにするようなまねはやめて、常に社外の状況を自分自身の肌で感じ取ることです。そこで私の知っている最高の実例をご紹介しましょう。何年も前、ある男性が、世界でも指折りの企業を設立しました。その企業は、医療の世界で、手術が個人の執刀医から病院へと移っていったとき――第二次世界大戦後、先進国の間で起こりました――その大転換にうまく乗った最初の企業でした。彼には単純なルールがありました。それは、会社がちっぽけだった時代から巨大多国籍企業に成長した時代まで変わらず、すべてのエグゼクティブは毎年四週間、オフィスを離れて現場を見るというルールでした。

たとえば、セールス担当者が休暇を取るときは必ず、エグゼクティブが二週間、しかも年に二回、その仕事をします。つまり、顧客を訪問して売り込みをかけ、病院向けの新製品を紹介するわけです。その結果、この会社は急速に変化するマーケットをしっかり把握することができたのです。

もうひとつ理解しておかなければならない対象は、今、私たちが組織の〝コアコンピタンス〟と呼んでいるものです。私たちが本当に得意なものは何なのでしょうか。私たちの顧客は何に対してお金を払ってくれるのでしょうか。なぜ、私たちから買ってくれるのでしょうか。競争の激しい非独占的なマーケット――世界はすでにそうなっています――では、顧客が競争相手からではなく、自分の会社から買うはずだという理由などまったくありません。皆無です。みなさんの会社から買うのは、その顧客にとって価値のあるものを手に入れられるからです。私たちは一体、何の対価を手にしているのでしょうか。これを単純な問いかけとお考えかもしれません。でも違います。

私はこれまで世界最大級の消費財メーカーや流通業者の何社かに協力してきました。ここスロベニアでも、みなさんの誰もがそれらの製品をお使いになっています。こうした製品には二種類の顧客がついています。ひとつは、もちろん小売業者です。もうひとつは、家庭の主婦です。主婦の人たちは何を買っているのでしょうか。私がこの問いかけを始めて一年になります。

世界中に石鹸を作っている企業が何社あるのか私にはわかりませんが、星の数ほどあるはずです。私には、ある種類の石鹸と別の種類の石鹸の違いを判別できません。買う人にはなぜこだわりが、それも強いこだわりがあるのでしょうか。それがその人にとってどんな役に立つのでしょうか。アメリカでも日本でもドイツでも、他のメーカー製の石鹸が同じ棚に並んでいても、なぜ同じブランドばかり買うのでしょうか。他の石鹸には見向きもしません。ある特定の石鹸に手を伸ばします。なぜなのでしょうか。何を見ているのでしょうか。何が欲しいというのでしょうか。この答えを考えてみてください。

ついでにお話しすると、この答えを見つける最良の方法は、アンケートで聞いてみるのではなく、顧客に質問をしながら考えることです。私が知っている限り、世界で最も成功している小売業者は、大規模な小売チェーンの一社ではありません。それはアイルランドにある企業です。アイルランドはスロベニアと同じくらい小さな国です。この企業は、非常に強力なスーパーマーケットがひしめいているイギリスの隣にあります。そしてイギリスのスーパーマーケットはみな、アイルランドにも店舗を持っています。それでも、この小さな企業はサンドイッチのマーケットの約六〇パーセントを確保しています。この企業は一体、何をしているのでしょう。その答えはこうです。その企業のボスは週に二日、店に出て顧客と接しています。肉売り場のカウンターからレジ係までこなします。その上、レジ袋に品物を詰めて、それを顧客の車に運ぶことまでします。このボスには、顧客が何にお金を払っているのかがよくわかっているのです。

さて、話を最初に戻しましょう。管理監督を始めるところは、工場でもオフィスでもありません。まずは、自分自身から始めてください。つまりそれは、自分ならではの強みを見きわめ、自分の強みを活かして成果が上げられるところに自分自身をはめ込み、そして必ず正しい手本――これは基本的に倫理そのもののことです――を示し、周りの人たちを、彼ら自身の強みによって成果を上げられる分野に配置する、という作業なのです。

医療について

一九九六年――ハーバード・メディカルスクールでの講演

わが国では、このテーマになると、大半の議論が少しばかり物騒になるようです。というのも、議論の冒頭から〝アメリカのヘルスケアの危機〟といったことばが飛び出すからです。実際、どの先進国でもこんにち、医療制度が軒並み大変な危機に瀕しています。日本のほうが、わが国よりもはるかに厳しい状況です。おそらくドイツはアメリカよりもよくないでしょう。イギリスは非常に上手に運営していますが、病院は問題山積です。また、伝染病の世界的な大流行に見舞われれば、それは個人や国単位の問題ではすまなくなり、制度の崩壊が待っています。

実は、私が医療の世界に足を踏み入れたのは一九四七年のことです。このときはバーモント州に住んでいて、小さなカレッジ《単科大学》（ベニントン）で働いていました。私はそこでバーモント・ニューハンプシャー医療保険組合の役員に任命されたのです。その経緯をまずお話ししておきます、この保険組合では年次総会が開かれることになっていました。その場所は私の住まいから北に六〇マイル［訳注：約九六キロ］行ったところでしたが、当日は猛吹雪の荒れ狂う冬そのものの天候だったため、出かけず家にいました。するとこの総会で、私は財務責任者に選ばれてしまったのです。これがきっかけとなり、私は医療の世界に携わることになりました。それ以来、およそ五〇年間、この世界に関わっています。とはいっても、隅のほうですが。

医療制度に起こってもおかしくないもの、それは危機以外にないと言ってよいでしょう。みなさんは、私たちがこれまで経験してきたような目覚ましい成長、つまり、完全に身の丈を超えてしまった成長の恩恵に恵まれることはありません。

私が働いていたその小さなカレッジの同僚に、経済学者がいました。この人は学長で、私は学部長でした。第二次世界大戦の間、私たちはふたりとも仕事を通じて戦争に協力し、力を合わせてこのカレッジの経営にあたっていました。その同僚はよく私にこう言ったものです。「一九二九年、まだ新米の経済学者だったころ、博士号を取って初めてついた仕事が医療費を監督する委員会で、これを設立したのはフーバー大統領［訳注：在任一九二九〜三三年］だった」と。

私の知る限りでは、この委員会は報告書をひとつも公表していません。なぜかと言えば、その報告がフーバー大統領にまったく受け入れられなかったからです。大統領が望んだのはわが国にドイツ流の医療制度を導入することでした。実はこの同僚は、長年ヨーロッパで暮らした経験があり、そのドイツの制度を人一倍信奉していました。けれども、連邦議会がこの同僚の提案を却下したために、彼は、医療のための支出は重要な社会的課題であることを示そうとしました。

それでも、この委員会には名だたる医療関係者や社会学者、経済学者が集まっていたにもかかわらず、医療に必要などんな費用も社会的課題であることをまったく理解できませんでした。一九二九年当時、この費用がGNPに占める割合は一パーセントの半分以下でした。それ以来現在までに、この数字は少なくとも五〇倍にまで増加しています。つまり、一四パーセントにまで達しているのです。こうした類の成長に耐えられる仕組みはひとつも存在しないでしょう。ちなみに、現在の仕組みはほぼすべてと言ってよいほど、第二次世界大戦後にでき上がっています。やがては、継ぎはぎ仕事ではすまないポイントに行き着くでしょう。私たちは、すでにあらゆるところで、そんなポイントに到達してしまっているのです。

そのようなわけで、私たちが今この国で行なっていることを見ていると、私は背筋が寒くなります。なぜなら、私たちは継ぎはぎ仕事をしているから、これが第一の理由です。第二に、私たちはこれがアメリカ人の問題だと、話をすり変えているからです。決してアメリカ人の問題ではありません。それは医療がうまく行くかどうかの問題です。私たちの想定はすでに破綻しています。私たちは制度そのものを再設計する必要に迫られているのです。私は医療に対する支出の仕方を議論しているのではありません。それでは議論の出発点を間違えてしまいます。正しい議論の出発点は、私たちが何に対してお金を使おうとしているのかを問いかけることです。

おそらく、この制度に必要な費用の半分は、アレキサンダー大王〔訳注：紀元前三五六〜同三二三年。マケドニア王。ギリシャとオリエントを含む空前の大帝国を建設し、東西の文化の融合を図った〕の軍隊にいた医者の治療法と非常に似通った治療法で占められているのではないでしょうか。これはここだけの話ですよ。私たちは、立派な医学的理由からというよりも、患者を満足させるために、骨折した足首のレントゲン撮影をしています。撮影したところで、治るまでに三か月かかることに変わりはありません。ほかにもあります。痛みを取るためにステロイドの注射を打ってもかまいませんが、それでもやはり三か月かかります。これと同じことが、赤ん坊の下痢や気管の炎症についても言えます。この種の疾患の治療はたぶん、少なくとも医療費全体の五分の二、そして私たちが負担する医療費の五分の一を占めているのではないでしょうか。

また、それと同時に、私たちは医療の歴史に存在しなかったものを抱えています。それは医者が治せないものなのですが、それでも医者が私と同年代の人たちを健康にするか、少なくとも健康になる希望を持たせられる、そんな状況のことです。医者が治せないといった状況は、基本的に、医学の道徳的規範とは相いれないものです。昔スキーのジャンパーだった私の膝は、もはや医者には治せません。けれども、医者はその膝と付き合うための力にはなれるはずです。

その中間には、伝統的な臨床医学があります。この分野では目覚ましい科学的進歩が続いています。この分野は医療制度全体の費用の二五から三〇パーセントほどを占めていますが、その貢献度はこの数字よりもはるかに大きいのです。

これらの領域は互いに重なり合っていますが、互いにまったく同じというわけではありません。私は、みなさんがこれを十分に考慮した制度を設計しなければならないと思います。そうなると、近い将来のヘルスケアセンターはどんな姿になるのでしょうか。どんな姿がよいのでしょうか。私がそのセンターを〝病院〟と呼んでいないことにお気づきかもしれません。そう呼ばないのは、たいていの場合、私たちはいまだに病院ということばから患者用ベッドを連想するからです。

私のコミュニティーには、実に立派な病院があります。ベッド数は四八〇。この前の一〇月、私はそこに入院していました。肺炎を治そうとしたのです。病院の院長が声をかけてくれたので、私は感謝の気持ちを伝えたあと、こうたずねました。「院長、今朝はどんな仕事を担当なさったのですか」。院長は「今朝は、心臓疾患集中治療室と、整形外科と、小児科の担当でした」と答えました。続けて私はこうたずねました。「三週間前に、あの立派なMRIセンター［訳注：最先端の医療機器が揃った病院］をオープンさせましたね。そこにはおいでになりましたか」

そのセンターへの投資額がどれほどか、みなさんはご存じですよね。ところが、院長は一度も行っていないとのことでした。立派な地域がんセンターの資金も確保しましたが、そのセンターにも行ったことがないと言います。そこは化学療法や放射線の設備のある外来患者向けのセンターになっています。院長は入院患者の治療に専念していました。けれども、院長の仕事全体を見てみると、その収入の七〇パーセントは外来患者の治療から得ています。それでも、センターで何が行なわれているのかまったく知りません。本当にまったく、です。超音波診断装置が何台あるのかさえ知りません。なぜなら、そうした装置は今でも個人個人の医師に任されているからです。

今日の院長職を占めているのはみな、昨日の病院の出身者です。私はルイス・トマス［原注：エール・メディカルスクールの学部長で、スローン・ケタリング研究所所長。実に多彩なテーマを取り上げ、知性豊かなエッセイを書いていることで知られる］を読み返してみました。医学における偉大な進歩は、一九三〇年代、四〇年代そして五〇年代にベッドを中心にして生まれました。

ところが、それ以降、偉大な進歩はその外の世界で生まれてきました。だから、近い将来のヘルスケアセンターは、診断装置やリサーチセンターを核にして作られるでしょう。この場合のリサーチということばを、私は広い意味で使っています。教育と言うほうが適切かもしれません。基本的に、そこの経営者はほかでもない、オペラの指揮者に近い性格を持つことになるでしょう。人気役者を抱えるのです。そして脇を固める役者、さらにはオーケストラも任されるのです。

医療の分野で、医師が必要な仕事の大半をこなせるのかどうか、私にはなんとも言えません。そうした仕事の多くは、看護師が医師の監督のもとでこなすことになるでしょう。急速にそうなるはずです。ボストンのような大都市圏には当てはまらないかもしれませんが、ナッシュビルやアルバカーキあたりに行けば、病院に地域の医療センターが併設され、そこを看護師が毎週通ってくる医師の協力のもとで運営している様子が見られます。

看護師――ついでに言えば、半分は男性です――の主な仕事は、自分には十分な知識がないと自覚することです。これが与えられた仕事のひとつです。二番目は、病室。そして三番目は、重篤患者の病室です。それに加えて、診断と教育啓発活動を中心とした外来患者向けの仕事が無限に存在しています。

病院は調整をするところです。つまり、資源を適切に配分するところです。さまざまな基準を設定して運用し、そして同時に膨大な人員配置の仕事にも取り組んでいます。病院はまだ、歴史の一部になってしまった組織でもありませんし、病院で働く人たちの大半も自分たちがそうだと思っているわけでもありません。私は構造について話をしているのではありません。話をしているのは、役立てなければならないさまざまな機能についてです。そうした機能は互いに重複していますが、それぞれが独立した別物なのです。

もうひとつ取り組まなければならない問題は、医療の経済学です。労働集約的で、しかも資本集約的である組織には生き残る可能性がまったくない、というのは自明の理です。これは経済学の〝いろは〟です。当初、病院はどこから見ても労働集約そのものでした。こんにち、病院には巨額の資金が投入されていますが、それでもやはり、病院は相変わらず労働集約的な組織のままです。これは資本投資が労働に取って代わるという基本的なルールに反しています。みなさんの病院の一軒が前立腺検査のために新しい超音波マシンを導入しても、労働力の節減にはなりません。それを動かすために、さらに一二人のスタッフを雇い入れることになりませんか？　つまり増員です。それが経済の怪物というものです。私には、私たちが経営の手法を理解しているとは、いまだに思えないのです。

もうひとつの問題は、アメリカの健康維持機構［訳注：ＨＭＯ。医療費抑制を目的に設立されたアメリカの保険システムのひとつ］がきわめてはっきりと重大視を始めているものです。わが国では、医師をしている友人はみな悲鳴を上げています。なぜなら、管理医療のおかげで、彼らはいちいち電話をかけて治療を実行するための許可を取らなければならないからです。しかも許可を求める相手は他の医師ではなく、二二歳の職員なのです。私の友人の言うことは絶対に正しい、つまりこんなのはひどい習慣そのものであり、まったく必要がないものです。

実は私は医者一家の出身で、一九二〇年代の初め〔原注：オーストリアに国家管理の健康保険があった時代〕、一族の年長の医者は大いに文句を言っていました。最初、その年長の医者は、患者の治療法を検討するときに医者でない人が同席すると言って、憤慨していました。私たちはすぐに、この種の保険基金はどこでも医療ディレクターが必要だと気づきました。カイザー〔原注：第二次世界大戦中、アメリカで初めて任意の医療保険を始めた〕には、設立当初、素人の経営者もいました。カイザーがこれでは事業がうまく行かないと気づくまでに、それから五年かかりました。今では、各地域ごとに医療ディレクターが選任され、通常五年から一〇年の任期で働いています。こうなると、医師は仲間の医師と協力するようになります。私たちはこれからもこうしたことを学ぶ必要があるでしょう。

私たちが今の継ぎはぎ仕事をやめ、基本的なことを把握できるようになるまでに、どれほどの時間が必要なのでしょうか。私にはわかりません。この継ぎはぎ仕事がうまく行くはずはないでしょう。日本人、ドイツ人、そしてイギリス人も継ぎはぎをしています。同じように、うまく行かないでしょう。私たちは、私たちが今行なっている医療は、私たち全員が育った環境での医療とはまったく違った〝しろもの〟になってしまっているという事実を認めなければなりません。

そうなれば、「あれやこれを、どのようにして変えればいいのか」と聞く人はいなくなります。そのあげく、「仕様はどうなっているの？　このシステムが満足させなければならない基本的な要求とは何だろう」と聞く人が現れます。これは経済的な面でコントロール不能です。この事実は、ある種の兆候です。つまりそれは、非常に重大な混乱の兆候です。伝統的な手法は通用しないのです。

変化を続ける世界経済

一九九七年――ロサンゼルス・ジョナサンクラブでのスピーチ

今日は、大変重要な成長・発展についてお話をするつもりでまいりました。これらの成長・発展は、今のところまったく注目されてはいませんが、昨今、新聞紙上やビジネス誌に載っている記事よりも、はるかに重要になるに違いないと思っています。これらは非常に大きな変化であって、これによってアメリカをはじめ各国がどんな成功を収めるか、産業がどれほどの成功を収めるのか、そして企業や個人個人がどのような成功を収めるのかが決まる、と私は考えています。

この質問から始めることにしましょう。経営者とその組織に求められるスキルがまだあるのでしょうか。つまり、それは誰もがわかっているのに、口にしてこなかったスキルのことです。もちろん、まだあります。それは、組織が否応なしに経験する外国為替取引をうまくこなすスキルです。ニクソン大統領が固定比率でのドルと金の交換を停止して通貨の安定化を目論んで以来、すでに二五年がたっています。この目論見が外れたことは今さら言うまでもないでしょう。見事な失敗でした。歴史上、これほどまでに外国為替の取引が不安定になった時代は例がありません。

この状態がまだまだ続くと言ってよいでしょう。なぜかと言うと、今の私たちは、私が仕事を始めたときと、つまり一九二〇年代の終わりに大恐慌に襲われたときと、非常に似通った時代にいるからです。二〇年代当時、イギリスのポンドがもはや基軸通貨としての伝統的な役割を果たせなくなっていました。ドルにはまだポンドに取って代わるだけの力がありませんでした。こんにち、このドルもまた基軸通貨としての役割を果たせなくなっています。とはいえ、現在も依然として基軸通貨であり、そしてこれからも長期間にわたって主な国際決済用通貨であり続けるでしょう。しかも、他の通貨は、ドイツのマルクにしても日本の円にしても、ドルに代わって基軸通貨の役割を担うにはまだ実力不足であり、そうした動きもありません。

ことによると、この五年から八年の間に、実力のあるヨーロッパの通貨が出現するかもしれません。そのときは、おそらくそれが世界の基軸通貨になるでしょう［訳注：実際に二〇〇二年に欧州連合（EU）の単一通貨として「ユーロ」が導入された］。率直に言えば、ドイツはそうなってほしいと願っているのではないか、と私は考えています。ヨーロッパの通貨が出現すれば、為替取引が比較的安定した状態に戻るかもしれません。そのときが来るまでは、不安定な通貨に悩まされる時代が続きます。それに加えて、世界は実体のない貨幣であふれている、という事実も頭に入れておくべきでしょう。世界経済で流通しているこうした何十億ドルという資金の大半が、論理的にはきわめて狭い意味しか持たないマネーなのです。

経済的観点からすれば、こうした何十億ドルもの資金はまったく経済的な機能を果たしていません。こうした資金は、生産や通商といった経済活動から生まれたものでは決してありません。それらはたいてい、通貨への投機によって手にしたお金です。実体のあるマネーではありません。実体の伴わないマネーです。この金はささやかなリターンを無性に欲しがります。それは「ホットマネー［訳注：国際間を転々として移動する不安定な短期資金］」です。であるからこそ、ハンカチが落ちただけでも、実際にはつまようじが落ちただけでも、パニックになりやすいのです。

私たちはこの数週間、こうした現象が起こるスピードの速さを目の当たりにしてきました。しかも将来、私たちはこうした通貨パニックを数え切れないほど経験することになるでしょう。今から数年の間に、こんなパニックが毎年二回のペースで襲ってくるのではないか、と私は考えています。だからこそ、組織が否応なしに経験する外国為替取引をうまくこなす手法を学ばなければならないのです。今のところ、この手法がわかっている人はほとんどいません。その手法は投機ではありません。その反対です。

次に、これまでお話ししてきた内容と密接につながっている話題に移りましょう。先進国の世界——つまり北アメリカ、西ヨーロッパ、北ヨーロッパ、そして日本——では、どの国も人口の減少が進む厳しい時代に直面しています。私たちは今、先進諸国が軒並み抱えている特徴的な問題が、今までにない社会的な問題にまでなっている、そんな時代に突入しているのです。その問題とはつまり、若い世代の労働人口が着実に減少しているその数字と、伝統的な退職年齢以降の人口が着実に増加しているその数字との乖離《かいり》が、どんどん大きくなっていることです。

アメリカは先進諸国の中でこの現象と最も縁の薄い存在です。わが国は現在の人口を維持できるだけの出生率を今でも記録し続けています。これは、出産可能年齢にある女性がひとりあたり二・四人の子どもを産んでいるからです。とはいえ、私たちがこのように高い出生率を維持しているのは、ほかでもない、わが国にやって来る大量の移民のおかげです。移民たちは今も変わらず、出身国と同じ出生率を記録し続けているのです。ここアメリカで生まれ育ったアメリカ人は、自分たちと同じ数の人間を産んではいません。彼らが産むのはふたりよりも少なく、わずか一・五人前後にすぎないのです。

アメリカは別として、先進諸国の出生率はどこも、人口の現状維持がとても覚束ないほど低い数字になっています。なかでも最低の出生率は南ヨーロッパ、すなわちポルトガル、スペイン、フランス南部、イタリア南部、そしてギリシャです。これらの国では、出産可能年齢にある女性ひとりあたり子どももひとり、という出生率になっています。その出生率はあまりにも低く、言い換えれば、ふたりの人間が死ぬと、そのあとを引き継ぐ人間はひとりしかいない、ということになります。

ドイツや日本も同様で、女性が産む赤ん坊の数は一・五人と、人口を維持するには低すぎる数字です。イタリア政府の公式予測によれば、イタリアの人口は七〇年以内に今の半分以下になってしまいます。目下の人口は六〇〇〇万人弱ですが、二一世紀の終わりには、ひいき目に見ても二二〇〇万人程度になっているでしょう。日本の場合、政府は、二一世紀末までに今の一億二五〇〇万人から五五〇〇万人にまで落ち込むと予測しています。

数字そのものよりもはるかに重要なのは、伝統的な労働年齢層（一四歳から六五歳まで）と伝統的な年金受給層（六五歳以上）との人口比率が急激に悪化していることです。したがって、すべての先進諸国で、若年層の人口が減少するために高齢者層の人口増加を図ることが、これから二五年、あるいは三〇年間にわたって最優先の課題になるはずです。そしてこの問題を解決するには、退職年齢を超えた人たちの中で、定年を延長して働き続ける人たちの数を増やす以外にありません。

人口統計を見ても、すべての先進諸国が抱えている課題は、マネジメントの基本的な課題が新しいと表現する以外にない課題、つまり知識労働者の生産性であることがわかります。先進諸国には、知識労働の分野で質的な面の優位性がありません。中国やインドの知識労働者はあらゆる面で私たちと同じように優秀です。たったひとつの違いは、開発途上国にいる知識労働者の数が極端に少ないことだけです。中国は必死に高等教育を充実させようとしていますが、彼らが求めているのは、現在のアメリカにおける人口に占める知識労働者の割合と同じ水準であり、それに比較すれば、今の彼らの水準はやっとその三～五パーセントにすぎないのです。同じことがインドについても当てはまります。私たちには量の面での優位性があります。けれども、私たちが知識労働者の生産性を高める取り組みをしてこそ、それが決定的に物を言うのです。

これがすべての先進諸国が抱えている根本的な難題です。そして今までのところ、私たちは実質的に、知識労働者の生産性を上げるための取り組みをまったくしてきませんでした。一〇〇年以上にわたって、私たちは肉体労働者の生産性を上げる取り組みを続け、大きな成功を収めてきました。ところが、ことが知識労働者の話になると、この一世紀、ほんのわずかでも彼らの生産性が上がったと教えてくれる兆候はひとつもありません。

実際に、私たちが持っているどの数字を見ても、現代の知識労働者のほとんどは、一九二九年の労働者よりも生産性が低い事実を教えてくれるものばかりです。知識労働者について研究するときにはいつも、彼らが自分の勉強してきた仕事のために、自分の望んだ仕事のために、そして私たちが彼らに報酬を支払っている仕事のために割く時間は、彼らの時間のごく一部にすぎないという事実にたどり着くのです。

おそらく病院で働いている看護師が、どの先進国でも、今の世界で一番教育され、一番能力の備わった知識労働者ではないでしょうか。それでも、看護師について研究するといつも、彼らの時間の少なくとも七〇パーセント、通常は八〇パーセント近くが、彼らの生産性や実力の向上にまったく役立たない仕事に使われている事実が明らかになります。つまり、彼らは単純労働の事務員のように、間違った使い方をされているのです。

わが国を含む先進諸国の外側に目を向けて気がつくのは、これからの一〇年間で最も重要な動きはただひとつ、中国で起こる出来事だということです。

今でも中国では八億人が農業で生計を立てています。ところが、中国ですべての食料を生産するのに必要な農民の数は、その半分余りいれば十分です。二億から四億の農民には働き口がありません。そのため、そのうちのなんと二億人がすでに農場を離れ、都市に移住しようとしています。ただし、都市にも働き口はなく、住宅もありません。中国で繁栄している地域、つまり沿海州のあたりでは、いまだに何千という数の国有の大企業が存在しています。こうした企業は悲しいほど非効率的で、たいていの場合、中国の国民でさえ欲しがらないような製品を世の中に送り出しています。それでも国有企業は沿海州の都市にいる労働力の半分ほど、つまり一億人前後の雇用を生み出しているのです。

こうした企業を清算しないで延命させると、非常に大きなインフレ圧力が生まれます。

反対に、これらを閉鎖・清算すると、失業が社会的な不安を呼び起こし、内戦さえ避けられない事態になるでしょう。一七世紀の半ば以降、中国では五〇年ごとに農民の反乱が起きてきました。その原因は、とてつもない人口過剰にあります。最後の反乱は毛沢東時代に起こりました。この反乱で初めて、体制の転覆に成功しています。一九世紀に起きた二件の反乱は、いずれも外国の軍隊によって、つまり欧米の軍隊と日本の軍隊によって鎮圧されてしまいました。そうでなければ、この二件の反乱、つまり、一五〇年前の太平天国の乱［訳注：一八五一年に洪秀全を指導者とする上帝会がキリスト教思想のもとに、政治・経済上の平等主義を掲げて起こした反乱］と一九〇〇年の義和団事件［訳注：義和団が生活に苦しむ農民を集めて起こした排外運動］によって、政治体制が崩壊していたでしょう。両方とも、もう一歩のところでした。五〇年前の毛沢東の農民による革命は、体制の転覆に成功した初めての反乱でした［訳注：毛沢東は蒋介石の国民党軍を破り、一九四九年に中華人民共和国を建国、国家主席・党中央委員会主席に就任して新中国の建設を指導した］。

現在までのところ、中国は社会的不安とインフレの間の非常に狭い道筋を見事に歩んできています。とはいえ、その緊張感は日ごとに増していますし、さまざまな問題がますます手をつけられない状態になっています。そのようなわけで、注目すべき国をひとつ挙げるとすれば、それは中国ということになります。中国が将来、なんとかこの事態を切り抜けられる公算はあるでしょう。反対に、内戦が起こることも考えられます。そうなると、中国の昔からの伝統の繰り返しです。中国にとって最も好ましいのは、多かれ少なかれ独立した経済活動地域、つまり経済特区に国土を再び分割することです。この可能性もあると思います。一九二〇年代、私たちはこうした地域を〝都督《ウォーロード》〟と呼んだものです。

これらのことを総合すると、アジア大陸ではさまざまな緊張が増大し、それによってアジア諸国は欧米諸国への輸出に力を入れるほかなくなるでしょう。けれども、そうなると、中国とその近隣諸国も逆に、欧米諸国の大切な顧客になるかもしれません。ただし、確かなことがひとつあります。それは、これから一〇年か一五年のうちに、世界経済の中で文字通り決定的な出来事が、先進諸国ではなく、中国で起こるということです。

ここでちょっと違う話に移ってみましょう。世界経済というものは存在するのでしょうか。答えは、イエス、ノー、両方です。経済的な観点からすれば、世界は着実に統合化に向かっています。しかし、政治的には、世界はどうも分裂が進むような気がします。チェコから別れたスロバキアのような国が増えるでしょう。共産主義体制が崩壊し、ソ連の人口の半数を抱えていた地域が独立国になりました。一〇年以内に、カナダという国が分裂するのかどうか、誰もが関心を持っています。また、ベルギーのような多民族国家がまだ存在しているでしょうか。

現実的に、情報化時代のおかげで、世界的な分裂が以前よりもはるかに起きやすい状況になっています。平和な時代には、超大国であることに、もはや何の現実的な優位性もありません。つまり、先進諸国にいる私たちにとっては、ますます厳しい競争が待っていることになります。それも頻繁に、ほとんど耳にしたことのないような国から仕掛けられる競争です。その意味からすれば、私たちにはグローバル経済が存在します。私たちはその経済のことを理解し、注意を払い、念頭に置きながら行動しなければなりません。

最後にお話ししたいのは、みなさんのようなエグゼクティブは、自分に必要な情報を自分の手で管理しなければならなくなる、ということです。私たちの大半はデータにどっぷりと浸かっています。それでも、情報を把握している人はほんのひと握りです。私たちが今持っているデータのほとんどは、実際のところは、益よりも害のほうが大きいかもしれないのです。多くの組織では、コンピューターのおかげで、経営が以前より弱体化しています。なぜなら、コンピューターが取り込むデータは、経理システムからのデータにしても、経営情報システムからのデータにしても、すべて内部データだからです。しかも悪いことに、そのおかげで、とくに大企業では、エグゼクティブが社内の出来事の対処に忙殺される傾向がますます強くなっています。

次の一〇年間のうちに、組織内のデータシステムには劇的な変化が訪れます。そのひとつの理由は、経営の立場にいる私たちの大半が相変わらず信頼し続けている経理システムは、法的な虚構、つまり法的な存在でしかない企業についての報告をするものだからです。最大の企業でさえ、サプライヤーから顧客までの経済連鎖の三分の一以上を独占することはほとんどありません。しかも、エグゼクティブが会社に関して手に入れる情報はすべて、内部情報です。経理は大きく変化しようとしています。それは、ゼネラルモーターズとゼネラル・エレクトリックがおよそ八〇年前に初めて原価計算手法を開発してから現在までに起きた変化を上回る大きな変化です。

けれども、そうした変化を目前に控えていても、経理情報の内容は相変わらず、基本的には組織内部で起きたことが書かれているものばかりです。ただし、この五〇年間にさまざまな業界で起きた変化の根源に注目してみると、第二次世界大戦以後、どの変化もひとつとして、その業界の内部から起きたものはありません。それらはすべて、外部から起こっています。そして、そのほとんどは顧客でない顧客から、それまで競争相手だとまったく考えていなかった人たちから起こっているのです。

ひとつ例を挙げてみましょう。大手製薬会社にいる私の友人は、医療業界での根源的な変化が医薬品業界ではなく、メディカル・エレクトロニクス業界で起こっていることをまったく知りませんでした。この製薬会社の経営陣は、医薬品市場に関するデータばかりに執着していたため、市場そのものを失ってしまいました。彼らはなんと、遺伝学や分子化学、あるいはメディカル・エレクトロニクスといったものが存在していることを知らなかったのです。彼らの専門は薬理学でした。

これは商業銀行の業界にも当てはまります。大学でさえも、事情は同じです。私たちの中で外部の情報を把握している人はごく稀なのです。個々の企業の個々のエグゼクティブにとって、とにかく必死で取り組まなければならないのは、情報の管理を始めることでしょう。

初めてコンピューターが出現したとき、私にクライアントがつきました。その名は、IBM。コンピューター時代を見据えた機動部隊《タスクフォース》としてのコンサルタントになったわけです。一九五〇年代初めのことです。私は当時、コンピューターが世の中に大変革をもたらし、巨大な加算機以上の存在になることを見通す数少ない人間の仲間入りをしました。

それでも、私たちの誰ひとりとして、その後、現実に起きたことを事前に予測することはできませんでした。私たちが確信を持っていたのは、短期的に見れば、コンピューターが現実に実践されている経営手法に革命を起こすということでした。ただし、これまでのところ、コンピューターはこの種のことをまったく成し遂げてはいません。現代の経営管理の大半は、昔ながらの手法で行なわれているのです。つまりは、勘に頼っているということです。しかも自分たちの勘を定量化して、それを長期計画などと呼んでいます。

これから先は、あらゆる組織で、エグゼクティブが次のように自問自答しなければならない場面がますます増えると思います。「この企業を経営するためには、どんな情報が必要なのか」「このビジネスには、どんな情報が必要なのか」「自分の仕事をこなすために、どんな情報が必要なのか。それは誰から、どこから、そしていつ手に入るのか」。こう自問自答すればたちまち企業の経営陣は、自分たちに最も必要な情報は、実は組織の外部にある情報であることに気がつきます。

将来起こる変化ではなく、もうすでに目の前で進行している重要な変化について、そのうちのいくつかを今日はお話しさせていただきました。

規制緩和と日本経済

一九九八年――パノマ・カレッジ・環太平洋研究所での講演

世界の至るところで、高級官僚の天下りが行なわれています。その最も極端なケースが日本、というわけではありません。というのも、この国の天下りは官僚トップに限られているからです。最も極端なケースは、ドイツとフランスです。

ドイツでは、実権のある地位はすべて、元中級レベルの政府官僚経験者が占めています。彼らは、官僚トップの座をあきらめて業界団体の役員につくか――この地位はドイツの中級官僚の指定席、しかも実権があります――あるいは、もし社会民主党員なら、職能別組合の役員になるかのどちらかです。この組合役員も業界団体役員と同じように既定の進路であり、同じように実権もあります。フランスはドイツのさらに先を行っています。フランスでは、企業の権力の椅子、そして大学の評議会員の椅子はどれもこれも官僚出身者で占められているのです。

わが国アメリカは例外です。他の先進諸国では、官僚は指導者の集団です。したがって、日本に注目しながら、私たちが世界の他の先進諸国から何を学べるのか、といった話から始めるのがいいでしょう。

まず教えられるのは、官僚制は私たちの想像以上にはるかにしつこく粘り強いということです。一九世紀終わりごろのフランスで指導的な立場にあった官僚の集団は、軍人官僚でした。この集団は一八九六年、ドレフュス事件〔訳注：一八九四年にユダヤ系のフランス陸軍大尉、アルフレッド・ドレフュスがドイツのスパイとして軍により終身刑に処せられた冤罪事件。一八九六年に真犯人が判明したものの、軍は権威の失墜を恐れ、もみ消しを図った〕によって信用が失墜しました。完全に地に堕ちたのです。それでも、第一次世界大戦の間、醜いほど権力にしがみついていました。さらに、第二次世界大戦も敗戦を続ける中で、権力を維持し続けました。同じことは、ドイツの軍人官僚についても当てはまります。ということは、私たちは官僚の粘り腰を過小評価していることになります。

それは、こうした集団の力が強大だから、ではありません。官僚に取って代わるものがないからです。アメリカの場合、私たちは指導的集団というものが必要だとは考えていません。今日は、このことをお話しするために来たのです。実は、私は指導的集団を支持しています。全面的に支持しています。アメリカに指導的集団が存在しないのは特異な現象です。他の国にそんな例は見当たりません。他のあらゆる先進諸国には指導的集団が存在し、それらは指導的集団として広く世の中に受け入れられることで、大いに力を発揮しています。その上、一般的にはほかに代わるものがないのが実情です。

私は、日本にほかの選択肢があるとは思っていません（生産性を向上させ、景気をよくするために、官僚制を解体し廃止しろという国内の重圧はありますが）。そして歴史を振り返ってみると、指導層の伝統がある国に、官僚制が存在しないのは非常に危険です。ワイマール〔原注：一九一九年に生まれたドイツの共和国。一九三三年、ヒトラーの第三帝国によって消滅〕が崩壊したのは、軍のエリートに後継者がおらず、しかも一般の人々が事業家や専門家を受け入れなかったことが決定的な原因となりました。受け入れられ、そして尊敬される指導者がひとりもいなかったのです。

したがって、官僚制を排除することが日本あるいは世界のためになると思うのは早計です。権力の座を失う日が迫っている日本の官僚の場合、私にはそれに代わるものが見えません。日本の大企業には、この種の官僚並みに国を指導する力はないと断言します。確かに、大企業は立派です（ただし、この事実は第二次世界大戦前には当てはまりませんが）。大企業はそれでも、指導層だとは認められていません。高等教育の施設や学校にしても、指導層だとは認められていません。ついでに言えば、それが当然なのです。軍隊も同じことです。国教もありません。指導層には誰がいるのでしょうか。だから私は、誰がなんと言おうと、官僚制がその指導的な立場を失っていく様子はどうしても見たくないのです。それでも、官僚制は必死に自殺行為を続けています。これに疑問の余地はありません。

ここで、残されたわずかな時間を使って私がお話ししたいのは、規制緩和は日本にとってよいことでもなければ、アメリカにとってもよいことではない、ということです。しかも私は、規制緩和が実際に必ず、しかも非常に早い時期にやって来るとも考えています。けれども、私はこの見通しに満足しているわけではありません。その理由を説明するために、ある歴史の断片をご紹介します。

私が初めて日本に行ったのは一九五九年でした。当時、私は日本政府に協力するため熱心に働いていました。働いたのは主に地方自治体の組織でした。そのとき私は、ふたつの大きな分野で規制緩和が実施される、それもすばやく実施されると確信しました。ひとつは農業の分野です。当時、日本はまだ人口の五〇パーセント以上が農業従事者でした。彼らは信じられないほど時代遅れで、信じられないほど効率が悪く、しかも完全な国の統制下にありました。それを目にして私は、規制緩和の必要性に迫られている、それも早く実施しなければならない、と確信したのです。

もうひとつの分野は小売業界でした。それは一九世紀の姿ですらありませんでした。おそらく一八世紀の終わりごろの姿だったでしょう。つまり、パパママ・ショップ［訳注：夫婦で経営する零細小売店］ばかりで、商品の年間の回転率はなんと一・七パーセントのこともあったのです。小売ビジネスについて知識のある方ならおわかりのように、どんなものでも年間の回転率が一〇パーセントを切ったらおしまいです。間違いなく、パパママ・ショップは生き残れるはずがありませんでした。官僚はこんなことを言いました。「私たちもそのことは認識しています。しかし、もしわれわれが彼らを整理すれば、社会的に行き詰まってしまいます」。そこで私はこうたずねました。「もしあなた方が先送り、先送り、どこまでも先送りをしたら、何が起こるのでしょうか」。それに対し、「われわれにはわかりません。でも、ときとして何かが起こりますね」との答えが返ってきたのです。思わず私は、「それは頭がどうかしていますよ」と言いました。
封建中国〔訳注：紀元前一〇四六年ごろから同二五六年の周の時代にピークを迎える〕の官吏は任された領分では絶対的な王でした。ただし、ひとつだけ例外がありました。それは、ある判決で皇帝におうかがいを立てなければならなかったのです。というのも、その判決は次のように非常に残酷な内容だったからです。つまり、「足を一ミリずつ切り取ることによって、その犯罪者を死に至らしめる」という内容でした。こんなことを思い出しながら、私はこう言いました。「あなた方は、一回に一ミリずつ患部を切り取ることで一生懸命患者を治療なさっておられるようですね。でも、結局はそれが原因になって、かえって患者を殺してしまうわけですね」。これに対し彼らは、こんなふうに答えました。「そのうちなんとかなるものですよ」

私のほうが間違っていました。彼らは正しかった。彼らはぐずぐずと先送りしました。そしてこんにち、日本は農業従事者の割合を六パーセントにまで落とし、しかも見事な効率を誇っています。パパママ・ショップはイトーヨーカドーやダイエーなどの巨大小売チェーンのフランチャイズ店に生まれ変わっています。今でもパパママ・ショップは残っています。けれども、店舗の経営にはセントラル・コンピューターが導入され、回転率や在庫、管理の面のみならず、ケタ外れの課税負担を考えれば、価格の面でもウォルマートのはるかに先を行っているのは間違いありません。

このように官僚支配は二度うまく行きました。けれども私は、今後もうまく行くとは思っていません。とはいえ、これまでの私は間違っていました。

今後はうまく行かないと思う主な理由は、過去、こうした成長・発展が急速に拡大する経済の枠の内側で起こってきたという事実にあります。ただし、私が懐疑的になっているのは人口統計が主な原因です。日本の労働人口は一九六〇年代と七〇年代の初期に急速に増加しました。そして今では減少に向かい始めました。みなさんご存じのように、日本はつい最近まで、先進諸国の中で一番若い存在でした。しかし二〇〇〇年には、最長老国になるでしょう。しかも、出生率はどう転んでも人口を維持できない水準になっています。

ここからわかるのは、経済がもう拡大してはいないという事実だけでなく、退職者の年金の財源に対する負担が増大するという事実です。しかもこれは、日本の低金利と実に折り合いが悪いのです。これが日本において金融市場の規制緩和が行なわれる基本的な理由です。日本人はこの点が非常によくわかっています。決して、日本人が愚かだと考えるような間違いを犯さないように。

彼らが現状を理解していないなどと考えるのも間違いです。私は日本以外の国で、非常に有能な人たちが膨大な時間を割いて、目下、自分たちが自分たちの仕事に取り組んでいる理由をあれほどまで考え抜いているところはないと思います。私が協力した日本の省庁そして日本銀行には、ともに非常に有能で思慮深い人たちがいます。彼らは、自分たちが非常に金のかかる、しかも非効率的な金融制度を抱えていることが、さらには、外国資本にほんのわずかでも開放した瞬間、外国資本がこれまで外国為替を牛耳ってきたように、金融制度もそうなることがよくわかっているのです。

とはいえ、この制度における支配的な考え方は、日本の産業界にコストの安い資本を、つまりゼロ金利を供給することでした。こうして日本の産業界に金利の伴わない資金が注入されることとなりました。しかもそれは見事な注入でした。

今、退職後の備えが必要な人口が爆発的に増加しています。そこで次に必要になるのは、中年の人たちが自分の退職後に備えた資産計画が立てられる金利かもしれません。ただし、これは現在の金融制度とは矛盾します。なぜかと言えば、今の制度は、金利の支払いをなくし、人々に蓄財をさせて産業がその恩恵を受けられるように設計されているからです。こうした圧力が規制緩和に向かわせるのではないか、と私は考えています。日本の退職者の数字を見ると、どうも背筋が寒くなります。彼らの社会保険制度は若い人たちの人口が増加する前提のほうに舵《かじ》を切りました。そして今度は、高齢層の人口増加と若年層の人口減少に合わせた変更を迫られています。しかもこれは本物の重圧であり、この制度が整備された道筋とは相いれないものです。

けれども、こんなことも付け加えておきましょう。日本が再び正しい道に戻る、そして、例の一ミリずつ一ミリずつ先延ばしにする手法をとってうまく辻褄を合わせる、そんな彼らの可能性を排除するのは禁物、ということです。私は、その重圧があまりにも過大だとは思いますが、お話ししたように、かつて私は間違えたのですから。

もし規制緩和が本当に実行されても、あまり喜びすぎないことです。なぜかと言うと、日本を理解しようと思えば、正常な感覚を持っている日本人は誰ひとり、経済から手をつけようとはしないことを認めなければならないからです。この点についてアメリカ人は間違った捉え方をしています。私は二〇年間、すべてのロースクールと経済関係省庁を閉鎖すること以上にアメリカ社会にとって有益な手立てはない、と信じている人間のひとりです。念のため申し上げれば、私は法学の学位を持っていますし、エコノミストだと認めていただいています。日本人は、社会があまりにも壊れやすいために、社会から手をつけるのです。

規制緩和には、経済的な恩恵をもたらす一方で、社会的な危険もはらんでいます。私の父親はある大銀行の会長でした。一九二三年にオーストリアの政府から会長に任命されたのです。その銀行は私の学校のはす向かいにあったので、学校が終わると、そこに行って父のオフィスで宿題をしたものです。そのまま一緒に家に帰って夕食、という生活でした。この銀行は第二次世界大戦前にあった大銀行の中で最初に倒産してしまいました。なぜなら、最も効率の悪い銀行だったからです。効率の悪さでは定評がありました。私には、日本の銀行を詳しく調査するたびに、私の父が会長をしていた一九二三年当時の銀行の姿が重なって見えるのです。

両者の違いは、銀行がコンピューター時代に移っただけのことでしかありません。日本の銀行は基本的に経営手法にしても人員配置にしても一九世紀の銀行そのもので、必要な数の五倍の人間を事務処理にかけています。あるいは、上手に経営しているアメリカの銀行に必要な人員の七倍の人員がいるかもしれません。そうは言っても、これらの人たちはどこに行けばよいのでしょうか。日本の財務省にとって、この問いかけは「その銀行は効率的に仕事をしているか」という質問よりも、はるかに重要です。

さて、今日の結論として、日本に関するわが国の想定は正しいとは限らないのではないか、と申し上げておきましょう。私たちは、この指導的な官僚の集団は例外だと考えています。ところが、この官僚の集団こそ、あらゆる先進諸国ではまさにルールそのものなのです。規制緩和が日本にとって有益だとは考えないでください。金融の観点からも然り、経済の観点からも然り。社会的な観点からしても、性急な規制緩和は非常な痛手になるでしょう。

自分自身を経営する

一九九九年——ノンプロフィット・マネジメント（現在の名称はリーダー・トゥ・リーダー・インスティテュート）のためにピーター・F・ドラッカー財団がロサンゼルスで行なったカンファレンスにおける講演

今から数百年後、長期的な視野から私たちの時代の歴史が描かれるとき、未来の歴史家は、この時代の最も重要な出来事がテクノロジーの進歩だったとは考えない可能性が非常に高い、と私は思っています。インターネットでもなければ、電子商取引でもないでしょう。それは、人類を取り巻く環境で起こる誰も経験したことのない変化ではないかと思います。歴史上初めて——この表現は誇張でも何でもありません——さまざまな選択肢を持っている人の数が実にたくさんになり、しかも爆発的な勢いで増加している、そんな変化です。つまり歴史上初めて、こうした人たちは、自分自身を経営する必要に迫られるのです。しかし私たちは、その事態に何の備えもできていないと言えるのではないでしょうか。

この会場にお越しのみなさんから、事前にたくさん質問を送っていただきました。ありがとうございます。けれども残念なことに、私が受け取った二八の質問の中で、自己を経営することについて触れたものはひとつもありませんでした。どの質問も「周りの人たちとどのように付き合えばよいのか」「自分がもっと認められるにはどうすればよいか」といった内容ばかりでした。逆に、「自分とどのように付き合えばよいのか。どのようにすればその答えが見つかるのか」といった質問は皆無でした。ただし、これは驚くような話ではありません。歴史を通じて、実際には誰ひとり、どんな選択肢も持っていなかったのですから。

一九〇〇年になるまでは、最も先進的な国々でさえも、圧倒的多数の人たちは、運がよければ自分の父親と同じ道を歩んだものです。存在したのは下方流動性だけであって、上方流動性はまったくありませんでした。もし父親が農民なら、子どもも農民になりました。職人なら、その子どもも職人といった具合です。そして今、突然、非常に数が増えてきた少数派の人たち——増加の一途です——がさまざまな選択肢を手にしています。

それだけではありません。彼らのキャリアはひとつだけとは限らなくなるでしょう。

今、労働年数は六〇年に近づいてきていると思います。一九〇〇年には二〇年でした。私たちの労働年数は、生物としての寿命よりもはるかに、しかも急速に延びています。そしてまず注目すべきなのは、もうすぐ私たちは、退職しても勤労生活は終わらないと確信するようになる、ということです。今までより早い時期に退職するかもしれませんが、勤労生活はもっと長くなるでしょう。今から二五年以内に、アメリカ国内でさえも、大半の人たちが——おそらく正社員としてではなく、契約社員やパートタイマーとして——七〇代になるまで働き続けていると推測できます。

その原因の一部は、経済的な要求にあります。私の孫は、まだ一人前に働ける年長者に自分たちの収入の三五パーセントを差し出すつもりなどありません。退職用のポートフォリオに入れた金額がいくらであっても、それ以外の収入がなくても生きていける人はほとんどいなくなるでしょう。

ただし、知識からも選択肢は生まれてきます。私のエグゼクティブ向け経営講座——平均年齢四五歳の優秀な人たち——の受講生と話をすると、誰もが「今の職場で自分のキャリアを終わらせるつもりはない」と言います。しかも、口を揃えてこのようなことを言うのです。「デスクの下の引き出しには名刺入れがあって、そこには転職しようと思ったときに電話をかける相手の名刺が二〇枚入っています。二か月に一度は、本当に転職するときに備えて必ず電話をかけて、連絡を取り合っています」

彼らが雇用主とうまく行っていないから、というわけではありません。むしろ、次のような事情です。「今のところ、この会社には優秀な有機化学者が必要です。しかし、ここ数年以内に、私たちの製品が、つまり私たちの市場が、私のような人材を現実に必要としないような分野へと転換していくはずです。私にはそれが見えるのです。だから、デスクにただ座って書類を読むだけの仕事をするのは、気が進みません」

そうなると、私たちはまず、私たちが何者であるのかを学ばなければなりません。しかし私たちはわかっていません。この講座の受講生に「あなたは何が自分の得意なことなのか、わかっていますか」と聞くと、ほとんど誰ひとりとしてわかっているとは答えません。「自分の強みを最大限に活かすために、何を学ぶ必要があるのかわかっていますか」という質問をぶつけられた経験のある人はひとりもいません。大半の受講生は、わかっていないこと自体を大変誇りにしています。バランスシートが読めないことを信じられないほど誇りにしている人間関係が専門の研究者もいるほどです。それでも、もしこの時代に自分の実力を養いたいなら、バランスシートを読み解く能力を身につけなければなりません。

その一方で、人間と上手に付き合えないことを、同じように誇りにしている会計士がいます。どちらも誇れるようなものではありません。恥ずかしい話です。なぜなら、どちらも身につけられるからです。「お願いします」や「ありがとうございます」を身につけるのは、大して難しいことではありません。マナーがあるからこそ、人と上手な付き合い方ができるのです。

そこで、私は「あなたは自分に与えられた仕事の仕方がわかっていますか」と聞いてみます。ほとんどの人は、自分が、朝が得意なのか、夜が得意なのかはわかっています。けれども、自分自身が資料の解読が得意な人間、つまり〝リーダー〟なのか、聞き上手の〝リスナー〟なのか、わかっている人は稀です。世界は、このどちらかに分かれるのです。アイゼンハワーが高い評価を受けた将軍であったと同時に、低い評価の大統領のままで終わったのはなぜなのでしょうか。それは、アイゼンハワーが並外れたリーダーで、ともにリスナーだったふたり、フランクリン・ルーズベルト［訳注：大統領在任一九三三〜四五年］とトルーマン［訳注：大統領在任一九四五〜五三年］の後継者だったからです。アイゼンハワーは懸命にリスナーになろうとしました。しかし、人の話を聞きませんでした。文字になったものを読まなければ気がすまなかったのです。

これとは対照的に、リンドン・ジョンソン〔訳注：大統領在任一九六三～六九年〕はイギリスの国会議員並みの優れたリスナーであって、まったく文字に頼るリーダーではありませんでした。その目はどんよりとしていて、人の話を聞く必要があったのです。

そもそもアイゼンハワーは、人にはリーダーとリスナーのふたつのタイプしかないことを知りませんでした。私の受講生の中でも、知っている人は稀です。私のクライアントにはひとりもいません。ここに大きな違いが生まれます。とにかく、人に次のように言いさえすればよいのです。「いいですか、私はリスナーです。その立派なレポートを提出する前に、中身を話してくれませんか」。あるいは、「私はリーダーなものですから、あなたの長いお話を聞く前に、それを一、二ページにまとめて読ませてくれませんか」。誰もこの違いがわかっていません。

同じように、自分の居場所がわかっている人も、ほとんどいません。自分はどんな気性の持ち主なのか、どんな種類の人間なのか、ということも。あなたは大きな組織に向いているのでしょうか。私の一番下の娘は、大きな組織で自分に与えられた役割を果たしています。しかし娘以外の家族は、誰も大きな組織で力を発揮できません。ほとんどの人は、こうしたことを知りません。つまり、私は周りの人たちと一緒に働くのがよいのだろうか、それとも一匹狼なのだろうか、何が私の価値なのだろうか、私は何にコミットしているのだろうか、私はどんな貢献をしているのだろうか、といったことです。

お話ししたように、これは誰も経験したことのない事態です。この例外は超達人です。レオナルド・ダ・ヴィンチは、この種の自問自答を何冊ものノートに書き記していました。モーツァルトも、これらのことを実によく理解していました。おそらくご存じでしょうが、モーツァルトは音楽の歴史の中で、まったく異なった二種類の楽器を同じように見事に演奏したたったひとりの人物です。偉大なピアノの演奏家であり、と同時に名バイオリン奏者でした。

それでも、モーツァルトは一流になれる楽器はひとつだけ、ふたつは無理と判断していいます。なぜなら、上達するためには毎日三時間の練習が欠かせないからです。一日の時間はそれほど長くはありません。そこで、バイオリンのほうをあきらめました。モーツァルトはそのことがわかっており、それを書き記しています。私たちは今、そのノートを読むことができるのです。超達人はどんな場合であれ、「ノー」と言わなければならないときがわかっています。そして何を目指せばよいのかがわかっています。しかもいつも、自分自身のいるべきところがわかっています。だからこそ、彼らは超達人になれるのです。今、私たちはこの事実を学ばなければならないと思います。

これはそれほど難しいことではありません。そのカギは、ダ・ヴィンチやモーツァルトのしたこと、つまり書き記して、それをチェックすることにあります。そして、何か重要なことをするときには必ず――これは一四世紀から続いている手法です。なにも目新しいことをお話ししているのではありません――そうなってほしいと期待する内容を書き記すことです。その後振り返って、こう自問するのです。「この決断からどんな成果が生まれたのか」

さらに、成果を記録することによって、簡単に自分の強みが学べます。私たちはたいてい、自分の強みを控えめに見積もっていると思いますが、いかがでしょうか。私たちは自分の強みを軽く考えています。得意なことは簡単にできるようになります。だから、私たちは強みを手に入れるのが難しくなければ、その強みはそれ以上に強くなるはずはない、と信じているのです。ナンセンスです。

私たちはまた、何を向上させなければならないか、自分の欠点は何か、何が得意でないのか、神様が私たちに授けてくださらなかった才能は何なのか、といったことがわかっていません。もちろん、極端な場面になればわかります。私には、自分が画家には向いていないことを自覚するのに、どんなフィードバックも必要ありませんでした。二歳で初めて手にクレヨンを握ったとき、才能のないことがわかったと思います。これは極端な場合の話です。極端ではない中間の場合にはどうでしょうか。実際のところ、人は「これは自分には向いていない」とは自覚しません。したがって、私たちは今、これまででまったく経験したことのないところに立たされているのです。そしてこれから三〇年間、教育を受けた人たちの大半は、自分たちの居場所を定めることを学ぶ必要に迫られるでしょう。

人類の歴史上初めて、私たちは自分自身を経営する責任を負わされるのです。お話ししたように、これはおそらくどんなテクノロジーよりもはるかに大きな変化です。人類を取り巻く環境に起こっている変化です。こんな話は誰も教えてくれません。学校も、大学も。そして、誰かがそれを教えてくれるまでに、さらに何百年という歳月が流れるかもしれません。当面は、非凡な能力を持つ人たちが何らかの貢献したい、先頭に立って充実した人生を送りたい、この地球における自分の存在に何かしらの意味があるのだと感じたい、と考えることでしょう。彼らは、数年前にはごく一部の超達人だけにわかっていた何かを学ばなければならなくなるでしょう。彼らは自分自身を経営すること、自分の強みに磨きをかけること、そして自分の価値を向上させることなどを身につける必要に迫られるのです。

歴史上初めて、この世界はさまざまな選択肢であふれるようになりました。私の孫の話に耳を傾け、彼らの持っている選択肢を聞いてみると、それはとてもびっくりするような内容です。選択肢が過剰にある、と言ってもよいでしょう。私が生まれたころ、家の中には何の選択肢もありませんでした。今では、あれから一世紀もたたないのに、人々はこんな決断を迫られています。つまり、「どの選択肢が自分に向いているのか。それはなぜだろう。どれが自分に合っているのか。自分の居場所はどこなのだろう」といったことです。

社会セクターにとって、ひとつ重要な暗示があります。それは非営利のボランティアになること以上に、自分の居場所を見つけるよい方法はない、ということです。企業で働く私の友人たちは絶えず私のところにやって来て、彼らの部下のために考えた立派な成長プログラムを私に見せてくれます。私はそうしたプログラムを非常に懐疑的に眺めます。なぜかと言えば、組織にとって、とくに大企業にとって真の成長の原動力となるのは、非営利のボランティアを務めてきた人たちだからです。私はこの事実を目の当たりにしてきました。そうした非営利組織では、ボランティアが責任を持ち、成果を目の当たりにし、そして何が自分の価値なのかをあっという間に把握できてしまうのです。

私たちは長年、企業の社会的責任について議論を重ねてきました。私は、私たちが企業の立派な社会的責任としての非営利について、議論を始めることを願っています。それは企業にとって、教会やガールスカウトにボランティアとして送り込むことによって人を成長させるためのよい機会となります。そこは、組織で働く知識労働者が、自分は一体何者であるかを実際に発見でき、現実に自分自身を経営することを学べるところなのです。

教えることから学ぶことへ

一九九九年——監査法人アーサーアンダーセンがスポンサーになった〝将来の学校〟カンファレンスでの講演

ご存じのように、学校についての議論はたくさんあります。私はその数を数えてみました。結局、国内全体では——そして国内全体だけではなく、先進諸国全体でも——昔の学校を復活させることに主眼を置いた議論は、およそ四〇種の異なるアプローチがあるところまで確認しました。私はその主張に全面的に賛成します。

昔の学校にはひとつ、大きな利点があったと言えます。そうです、子どもたちは間違いなく、基礎的なスキルを身につけていました。そして、それと同じように注目に値するのは、子どもたちが自信というものを習得していた事実です。現代の学校では——正しく言えば、現代の非常に多くの学校では——子どもたちが自信をなくし、それが学習を妨げる最大の障害になっているのが実情です。

それと同時に、私たちには将来の学校が昔の学校の復刻版になるはずのないこともわかっています。非常に違った形の学校になることは間違いないし、それはなぜなのか、どのように違うのかもわかっています。

その本質的な原因がテクノロジーにあるわけではありません。教育理論でもありません。本質的な原因は、人口統計に見られる変化にあるのです。私が生まれたころは、労働人口の四人のうち三人以上が自分の手を使って仕事をしている、そんな国ばかりでした。労働者は自分の手を使って、農民として、家の召使いとして、店員として、小さな店でそして工場で働いていました。現在もわが国で手を使って仕事をしているのは、一〇人のうち二人にすぎません。この割合はさらに減少を続けています。一〇人のうち残りの八人――つまり肉体労働者ではなくなった八〇パーセントの人たち――について言えば、彼らのうちの半分は仕事に知識を活かすことによって給料を得ているのです。

こうした労働者に必要なのは、今までとはまったく違うアプローチだけではありません。彼らは何よりも、昔の学校が関心の対象にしてこなかったことを学ぶ必要があります。つまり彼らは、どのようにして学べばよいのかを学ばなければならない、ということです。知識は知識そのものをあっという間に陳腐化させるからです。

今度の土曜日、私は上級経営講座で教える予定です。今でも一日中教壇に立ちます。その受講生のおよそ半分がエンジニアです。数週間前にこの講座を始めたとき、私は受講生に、どれくらいの頻度で学校にやって来るのか聞いてみました。すると、「少なくとも二年に一度ですね、変化についていくためには。三年か四年に一度は学校で基本を勉強し直さないと、取り残されてしまいますから」という答えが返ってきました。学生にハイテク業界の人たちはそれほど多くありません。たいていは、伝統的な業界の人たち、つまり自動車業界、航空機業界、そして工作機械業界などの人たちです。こうした業界の知識ですら、急速に変化しているのです。

この話は、医師をはじめ他のどんな業界の知識労働者にも同じように当てはまります。私は地元の大きな病院から依頼されて看護師のトレーニングを手伝っています。看護師は少なくとも一年に一度、数週間の教育を受けに学校に戻ります。さらに、三年か四年に一度は、三か月かけて学校で勉強します。そうしないと、取り返しがつかないほど遅れてしまうからです。これは、人類の歴史の中でまったく経験のない事態です。言い換えれば、学校で学ぶべき最も重要なテーマは、いかにして学ぶか――絶えず学習する習慣――ということになります。

さらに、知識は専門化して初めて使い物になるという事実を付け加えておきましょう。私はこの数週間のうちに膝の手術を受けなければなりません。昔、スキーで負った古傷です。そのために、膝の手術を専門にしている医師のところへ行くつもりです。この種の話はあらゆる分野に当てはまるでしょう。

それと同時に、組織の中でわずかでも昇進することによって、自分の専門領域を星の数ほどある他の専門領域と結びつける必要性がますます高まっていきます。私の膝の手術をする整形外科医は、今、物理療法の講座を受けていると私に話してくれました。本人には物理療法士になるつもりはありませんが、この数年で大きく事情が変わり、自分の患者に対して、その患者自身がしなければならないことを伝えられるだけの知識を身につける必要があるからだそうです。やはりここでも、学び続ける能力が要求されているのです。

まだあります。この五〇年間で、労働する期間が非常に長くなり、最も成功している企業の寿命さえも超えています。二五年あるいは三〇年以上、成功を持続できる企業はほとんどありません。しかし、教育を受けて二〇代前半に就職する人の大半は、七〇歳になるまで働き続けます。そうなると、これからは第二のキャリアのために準備をする必要が出てきます。自分の経験してきた仕事をそのまま続けられる組織に移るのか、それともまったく新しい仕事に取り組むのかどうかは別にしても、です。つまり、仕事を必要に迫られてする仕事として捉えるのではなく、自分が打ち込むことに喜びを感じる仕事として捉えることを学ぶ心構えを持たなければなりません。そして、どのようにして学べばよいのかを学ばなければなりません。学ぶ習慣を自分のものにしなければならないのです。

私たちはまた、こうした変化に隠された意味もわかっています。つまり教育の初期の段階で今までとは違ったものに関心を持つ必要があることがわかっています。学校というものに注目してみましょう。わが国の場合、学校は一七五六年前後、今から二五〇年前に、コロラド州フローレンスで創設されました。しかもこの学校は、当時としてはきわめて真っ当で、基本的なスキルだけでなく、生徒全員の底上げにもその主眼が置かれていました。言い換えれば、生徒の弱点にばかり目を向けていたのです。

現代の学校もそれと同じです。最近、私は自分の子どもの家を訪ねました。そこの孫娘は小学四年生です。私は学校の父母面接についていきました。すると先生が歩み寄ってきて娘にこう言ったのです。「メアリー・エレンのお母様ですね。お子さんはもっと割り算を勉強しないと」。先生は、メアリー・エレンつまり私の孫娘が「作文のとても上手な子で、物語を書くのが大好き」とは言いませんでした。「もっともっと物語を書くといいですよね」とも言いませんでした。先生は、孫娘がなんとか合格最低点まで底上げする必要のある科目にばかり目を向けていたのです。それは当然でしょうし、理解もできます。

けれども、人の学ぼうという意欲をかきたてようとするなら、この先生の姿勢は逆効果になります。私たちは、自分の力で達成すること以上に人の意欲をかきたてるものはない――ひとつもない――ことを知っています。したがって私たちは、あくまでその人の一八番に主眼を置いて、学ぶということを考えなければならないでしょう。

私の経営講座で勉強している受講生のおかげで、私は信じられないほどすばらしい仕事をさせてもらっています。なぜかと言えば、彼らは四五歳から四八歳で、優秀な人ばかりだからです。優秀でなければ、彼らの組織は一年も二年も、あるいは三年間も、彼らをこの講座に送り込んできたりはしないでしょう。ところが、前にお話ししたように、私が「君は何が得意なのか」と聞くと、たいてい彼らには答えがありません。

そこで私は、最初のレポートは「君の得意なことをテーマにして書いてほしい」と言うことにしています。すると、なかなか想像していただけないと思いますが、すばらしいレポートが返ってくるのです。なぜなら、彼らは最上を目指す人たちで、今も確かに、それぞれの分野で最上を目指して努力しているからです。それも、非常に不得手なことにも同じように立ち向かっています。彼らは自分の力で達成することによって意欲を高めているのです。これはなにも新しい話ではありません。教育の偉大なリーダーはみな、一八世紀の教育者ヨハン・ハインリッヒ・ペスタロッチの時代以降、この事実を把握していました。

ただし、三〇人の子どもがいる昔の平均的な教室で、つまり全員を最低限必要な水準、最低限必要なスキルにまで底上げしなければならない教室で、これを実行するのは無理な相談です。それどころか、私たちは「メアリー・エレンはもっと割り算を勉強しないと。誉められた成績ではありませんので」といったように弱点に焦点を絞らなければなりません。先生は「もっともっと物語を書くといいですよね」とは言えないのです。先生は、メアリー・エレンの書く作文にはまったく関心がありませんでした。というのも、関心を持つ必要がなかったからです。

メアリー・エレンは作文が上手です。この子には何に関心を持たせればよいのでしょうか。私たちは、子どもに学ぶ習慣を身につけさせてやりたいのなら、達成感を与えればよいことを知っています。それができれば、彼らの強みに磨きがかかります。弱点はあまねく誰にでもあるものです。一方で、強みは個人個人のものです。昔ながらの教室では、こうした強みを浮き彫りにできないのです。

私たちはまた、現場での実践を通して、学ぶ習慣を身につけるためには、自分自身を経営する必要があることを理解しています。それは、おそらくコンピューターが本当に役に立つ領域なのではないでしょうか。なぜなら、コンピューターの前にいる五歳の子どもたちを見ていると、コンピューターの使いこなしではるかに先を行っている――私のはるか先です――のがわかるからです。私よりも八五年先を行っています。

子どもたちの様子を観察すると、自分の得意なことに集中しています。コンピューターゲームで遊んだり、簡単な学習ソフトに取り組んだりしています。彼らは自分自身を経営しているのです。得意でないこともやったりしますが、自分が上手にできることに専念することで、意欲に火をつけているのです。コンピューターは子どもたちにさまざまな能力を植えつけてくれます。けれども、昔ながらの教室にいる限り、そうした能力を発揮させられません。

そのようなわけで、すでに私たちの頭の中には将来の学校の仕様ができ上がっています。その主眼は、学ぶことに置かれるはずです。先生の仕事は、学習の意欲を高めること、学習に力を貸すこと、学習を手伝うこと、学習に助言することなどに移っていくでしょう。そのためには、教えることに大変な力を注がなければなりませんが、その出発点は学ぶことであって、教えることではありません。私たちはそのことを、それなりに理解しているはずです。

第一に、私たちは、学ぶというのはきわめて個人的な作業であることを理解しています。子どもの中には、ハイハイをしないでいきなり立ち上がって歩き出す子どももいるようです。通常は、三歳ごろまでハイハイが続きます。それでも、三歳までには全員が歩けるようになります。学ぶというのは、個人的な行為なのです。そして学ぶことによって、私たちは自分が得意にしている能力に磨きをかけます。これが学校の仕様の一部になると確信しています。つまり、どうすれば子どもたちを自分の得意なことに、自分の強みに集中させられるのかがテーマになるのです。

学ぶための最良の方法は――とくに若い人たちにとっては――人に教えることです。

私たちはこのことも理解しています。私がこれに気がついたのは、高校二年生のときでした。当時の私の親友はひとつ歳が下で、非常に頭のよい学生でしたが、オーストリアの昔ながらの主要科目が苦手でした。その科目とはほかでもない、ラテン語、ギリシャ語、そして数学です。この親友は天賦の才能にあふれた音楽家で、音楽の世界で目覚ましい業績を積み重ね、最終的には有名なオーケストラの指揮者になりました。ところがラテン語、ギリシャ語、そして数学といった主要科目の成績はさっぱりでした。そこで、私が教えてあげることにしました。そのための特別な苦労はまったくありませんでした。私自身はかなり成績の悪い学生でした。その理由は勉強の内容が難しかったからではなく、私が怠け者だったからです。

ところが、親友のエルネストにラテン語（私はあまり好きではありませんでした）と、ギリシャ語（大好きでした）、そして数学（得意でした）を教え始めて六週間が過ぎたところで、私は突然、クラスでトップの成績を取りました。きわめて短い間に、これらの教科が楽しく感じられるようになりました。楽しい、ということばがぴったり当てはまります。私が勉強したのは、これらの教科を親友に教えてあげなければならなかったからです。

そこで突然、私はひらめきました。学ぶための最良の方法は教えることにある、と。確かに一〇〇年前は、学校の建物にあるひとつの教室が、学ぶための恰好の環境になっていました。その理由のひとつとして、教室の先生は、六歳から一六歳までの子どもを七〇人も抱えていたために、年長の子どもを年下の子どもたちのチューターやメンターにしなければならなかったことが挙げられます。そうなると、年長の子どもたちは教えるために勉強します。私は、これが明日の学校の仕様を決める手がかりになると考えています。つまりそれは、どうすれば先に進んでいる若者に教える役割を与えて、彼らが単に、学ぶことと学ぶことの楽しさの両方を身につけるだけでなく、その両方を発見するように仕向けられるか、というテーマです。

最後に、私たちにはこうしたことができることもわかっています。そこにこそ、テクノロジーを導入すべきです。テクノロジーのおかげで、学生が個人個人で、しかも自分のペースで勉強できるようになります。リズムがとくに重要です。というのも、リズムを崩したら疲労が蓄積するからです。これがうまく行けば、現代のテクノロジーによって、とくに若い子どもたちが自分にとって最良の方法で勉強できるようになります。そうなれば、彼らは成長していけるのです。

さらに、テクノロジーのおかげで先生の時間が大幅に延ばせます。それはつまり、先生が子どもひとりひとりと過ごす時間のことです。なぜかと言うと、保護監督的な仕事を――これは高校でも非常に時間がかかる仕事なのですが――テクノロジーで置き換えられるからです。テクノロジーを使って、学生は自分自身を広い目で管理しています。もちろん、先生は子どもたちを監督しなければなりません。けれども、もし先生が子どもたちを先生として活用すれば、最年長の子どもが広い範囲でその仕事をするようになるのです。それは私が何年も前に、ラテン語の学校の友人が代数を勉強するのを助けたのと同じことです。

私たちは、新しい学校を安く作ろうなどとは考えていませんし、そうであってはいけません。これまでよい学校というのは、決してそんな施設ではありませんでした。要するに、よい学校こそ、現代経済における本物の資本投資なのです。とはいえ、おそらく伝統的な学校よりも安く作れるでしょう。テクノロジーには今やそれほどお金はかかりませんし、日一日と安くなっていますから。

重要で核心的かつ深刻な転換は、未来の学校が学ぶことに主眼を置いたところになる、ということです。ところが、伝統的な学校の主眼は教えることにあります。私たちには

〝学び続けるための学校〟がひとつもありません。あるのは〝先生のための学校〟です。私たちは現実には、優秀な学習者についての議論をしていません。議論しているのは、優秀な先生についてです。確かに私たちには、先生のための学校が必要ですし、優秀な先生も必要です。けれども、これからの私たちにとっては、過去にまったく意識してこなかった、優秀な学習者を育てることが必要になるでしょう。歴史的に見ると、私たちは大多数の学生に対して、最低のスキル、非常に低いスキル、彼らが取り残されない程度のスキルにばかり気を取られてきました。

知識社会においては、教育こそが、あらゆる人たちにとって誰にも負けない自分の仕事を見つけだすための道になるのです。それを見つけだす目的は、単に仕事をこなすためだけではなく、ある種の標準を設定することにあります。そうなると、今までにない学校、それも教室の大きさにこだわらない学校が生まれることになります。

具体的には、新しいテクノロジーのおかげで大きいクラスのほうが創造的になります。小さいクラスのほうがよい成果を上げられるという証拠はないと言ってよいでしょう。それどころか、教室が一五人程度になると、成果の違いはまったく見られなくなります。教室の雰囲気を意欲がみなぎるものにするためには、もっと大きなクラスのほうがよいのです。小さなクラスは退屈です。なぜかと言えば、多様性が乏しく、生徒同士が刺激し合うことがあまりないからです。小さいクラスにこだわっている現在の議論は、間違ってはいないでしょうか。

将来の学校は昔の学校とは違った姿になるでしょう。それは、私たちが大半の学生に対してただひとつの分野での成果を期待しているからではありません。また、誰も彼も同じように特徴のない学生になってほしいからでもありません。それは実は、学校の主眼そのものが、教えることから学ぶことへと転換してしまうからなのです。

二〇〇〇年代

二〇〇二年、P．F．ドラッカーは米国市民に与えられる最高の国民的栄誉、大統領自由勲章を受けました。ホワイトハウスで行なわれた授賞式で、ドラッカーは〝経営理論の世界的先駆者〟と称えられたのです。マーケティング、イノベーション、リーダーシップ、脱中央集権、労務管理などなど実にさまざまな分野における数多くの領域でドラッカーの衝撃を受ければ、一体誰がその理論にあえて挑めるというのでしょう。しかし、ある意味でこうした称賛は、視野が狭すぎるのではないかと思います。ドラッカーは自分自身のことを〝社会エコロジスト〟と呼んでいます。本人のことばを借りれば、それは「人間の人工的環境を、生態学者が生物環境を研究する手法で考える」人のことです。

これを前提にすれば、ドラッカーを理解するためには、フレデリック・テイラー［訳注：一八五六～一九一五年。アメリカの技術者、経営学者。「科学的管理法の父」と称される］よりもアレクシス・ド・トクヴィル［訳注：一八〇五～五九年。フランスの歴史家、政治家。アメリカ旅行の経験をもとに著した『アメリカの民主主義』は古典的名著とされる］に範を求めたほうがよいでしょう。長いキャリアを積み重ねるにつれ、ドラッカーは最も意義のある業績は何かとたずねられるようになりました。それに対して率直に、次のように答えています。「まだ若いとき、六〇年ほど前、私はこのように理解しました。つまり、経営はすでに〝組織の社会〟を作り上げる決定的要素であり機能になっている、そして経営とは〝企業経営〟ではなく、現代社会のあらゆる組織を統治するための決定的な要素なのだということです。そこで私は、独立した研究分野としての経営学を確立しました。そして、この研究分野の対象を〝人材と力〟、〝価値観、構造と組成〟、そしてとくに〝責任〟に絞り込んだのです。言い換えれば、本物の学問としての経営に、経営の研究分野の対象を絞り込みました」。

九五歳で亡くなる六か月前、ドラッカーは以前にも増して自分の伝説に触れようとはしなくなりました。ある記者に向かって「何人かの人に、正しいことを成し遂げるための仕事のお手伝いをしたことくらいでしょうか」と答えています。そして、続けてこう言ったのです。「いいですか、私はどこから見ても退屈な人間ですよ。私は著述家です。著述家の人生なんて退屈なものです」。たまにドラッカーはとぼけたことを言うのです。その人生が退屈だったはずはないのですから。

グローバル化について

二〇〇一年――クレアモント大学院大学での講義

今日は、六週間ほど前に私を訪ねてきた、ある昔の学生のお話から始めます。台湾の人で、四〇年前は若さいっぱいでした。その後、台湾で創業したビジネスで大変な成功を収め、最近の七年間ほどは上海にも進出し、成功を収めています。今では上海で巨大なベンチャー企業のトップになっています。私は聞いてみました。「何があったんですか。この三年から五年の間に、中国で起こったことで何が一番重要ですか」。彼は五秒ほど考えると、こう答えました。「私たちは今、乗用車を所有するのは必要だからなのであり、贅沢なことではないと考えています」。これがグローバル化の意味です。

これは経済的な出来事などではありません。心理的な現象でもない。それは、先進欧米諸国のあらゆる価値観――物の見方、期待感、あこがれ――が、当然の規範だと理解されているという意味です。念のため申し上げますが、この私の友人は、上海にいる誰もが乗用車を所有していると言っているのではありません。彼らは今のところ、自転車からオートバイに、つまり自転車よりも危険な乗り物であるオートバイに移行する段階です。これは重大な事実です。彼は、乗用車の所有は必要だと考えられていると言いました。これこそがグローバル化の本当の意味なのです。グローバル化とは、期待感や価値観における根本的な変化のことなのです。

そこに隠されている意味は何でしょうか。私は、いまだにグローバル化の見られない地域が世界中に存在していると思っています。事実、アフリカはまだです。数年前に私は南アメリカのパラグアイに行きましたが、そこはとくに、内陸に行くほど世の中から取り残され、教育もほとんど行き届いていませんでした。しかし、この絶望的に貧しい地域でさえも、彼らの価値観は明らかに、先進諸国のそれと同じでした。おそらく、中国の内陸部にある農村地帯にまでは、まだグローバル化は進んでいないかもしれません。けれども私は、グローバル化はそうした地域にも迫っていると考えています。つまり、中国はともかく、現在ではグローバル化が世界的な現象になっているのです。

グローバル化の第一の意味は、競争そのものが昔の競争とは違っているということです。これが、保護主義は避けられないと私が確信する理由になっています。しかもこの保護主義は、かつての伝統的な形をとらず、伝統とは無縁の今までにない形をとります。それでもなお、保護主義ではグローバル化は防ぎきれないのです。

わかりやすい例を挙げてみます。数か月前、みなさんもご承知のように、アメリカの鉄鋼業界が自動車のボディーに使用する熱間圧延鋼のダンピングの事実を訴えました。これを受けてジョージ・W・ブッシュ大統領が鉄鋼の輸入禁止に踏み切っています。ところが、国内の自動車メーカーは日本企業も含め、鉄鋼会社が要求する金額での支払いに応じていません。彼らは、ブッシュがダンピングを禁止しなかった場合に支払うはずであった金額を支払い代金にする交渉をしているのです。

たとえばトヨタは、鉄鋼会社に次のように明言しています。「もし納入製品の価格が世界市場の実勢価格〔原注：アメリカ国内価格の四〇パーセント安〕になっていなければ、日本やメキシコでの製造に振り向けるボディーの数量を増やすだけだ。今後六か月以内に、アメリカ国内でのボディーの生産量を八〇パーセント削減することも考える」。そこで現在は、来年のニューモデルについて交渉を行なっているところです。フォードもトヨタと同じ姿勢です。これが当然のなりゆきになっています。グローバル化とは、製品やサービスが広く全世界で取引されることではなく、情報が世界中を駆けめぐるということなのです。そしてこれこそが、グローバル化の決定的な要素なのです。

また一方では、私たちの雇用が軒並み海外に流出しているという議論もあります。ナンセンスな話です。これは労働組合のプロパガンダ、もともとは衣料労働者のプロパガンダです。実際には、わが国の外国資本は、製造業の分野でわが国が海外に移転している雇用のなんと四倍半の雇用を創出しているのです。

確かに、わが国のビッグ・スリーは業績が低迷する一方です〔訳注：アメリカの三大自動車メーカーであるゼネラルモーターズ（GM）、フォード、クライスラーは〝ビッグ・スリー〟と呼ばれていたが、二〇〇八年からの世界同時不況の影響でGM、クライスラーが経営破綻し、三社ともビジネスモデルの再構築を迫られている〕。とはいえ、本当のところ、製造業の雇用の減少は、海外生産への移行とは何ひとつ関係がありません。関係があるのは、私たちが製造技術の分野で、大規模な産業革命の真っ只中にいる、それも一九二〇年代初期の大量生産への移行に匹敵する大革命の真っ只中にいる、という事実です。私が一九六九年に初めてこの議論を持ち出したとき、私はこの革命を〝柔軟な大量生産〟と呼んでいました。現在は〝リーン生産〟と呼んでいます〔訳注：一九九〇年にマサチューセッツ工科大学の研究者がトヨタ生産システムを研究して紹介したのが「リーン生産方式」。リーンとは〝贅肉が取れた〟の意で、日本の自動車メーカーが欧米のメーカーを追い抜く日が来るとし、衝撃を与えた」。

大量生産の世界では、ルールはきわめて単純明快です。大量生産の現場に携わっている人たちはエンジニアにこう言っていました。「設計図を見せてくれれば、われわれのほうでその作り方を考えますよ」。今では、初めから作れるように設計します。私の友人でもある品質管理の先駆者、W・エドワーズ・デミングは、今や完全に時代遅れになってしまいました。昔の品質管理は工場現場で行なわれていたのです。

それに対して、新たに品質管理が行なわれるようになったのは、設計の段階です。これは大量生産方式からの劇的な変化であり、かつてこの大量生産方式のもとでは、エンジニアと製造現場の人たちは互いにことばを交わして相談することもなく、どこまでも互いにいがみ合っていました。エンジニアはと言えば、大量生産の現場の人たちを〝ただの工具職人〟と見なしていましたし、大量生産の現場の人たちはと言えば、エンジニアのことを〝専門家づらした頑固野郎〟と思っていました。今は違います。設計に取りかかる段階で、製造の仕様と品質の仕様の両方を設計に反映させているからです。これこそ、今までにない雇用減少の根本的な原因ではないでしょうか。

とても興味深いのは、わが国では、この劇的な変化による社会の崩壊がまったく起きなかったという事実です。この理由をどなたか私に説明していただけませんか？　私にはさっぱりわかりません。私たちは今まで、転換がもたらす社会的な問題をまったく経験してこなかったのですから。

そうなると、今後私たちが経験することになる最大の変化とは何なのでしょうか。私は古いコンサルタントですから、その答えは自分自身の経験のせいで偏ったものになっています。クライアントと仕事をしていて私が気づいた最も難しい問題は、クライアントが営利組織、非営利組織のどちらであっても、彼らの物の見方を変える仕事です。困難なのはテクノロジーでも、経済的な環境でもありません。それは、彼らの物の見方を変えることなのです。

私の人生で最も苦しかった時代は、第二次世界大戦直後です。さまざまな機関を経営している人たちはみな、大戦後に大不況に見舞われると信じきっていました。大恐慌の時代、生き残りが自分たちの目標だというときに、そうした物の見方を変えるのは驚くほど難しいのです。

私は今、ビジネスだけの話をしているのではありません。私は一九五〇年にある有名なビジネススクール（ニューヨーク大学）で働き口を得ました。そこでの大きな問題は、大恐慌時代にこのスクールを維持してきた――これは簡単な仕事ではありません――学長には、大学の入学者数が増加するという確信が持てなかったことでした。単に信じられなかったのです。大学に新しい建物が必要だということは誰の目にも明らかでした。それでも彼はこう言って否定したのです。「建てても長続きしませんよ。無理です」。その姿勢はごく当たり前のものでした。というのも、一七世紀の半ば以降、大きな戦争が起こったあとに続いたのは、大きな景気後退だったからです。

ところが、第二次世界大戦後に起こったのは、過去にまったく例のないことでした。今までのところ、誰ひとりこれについての説明ができていません。この事実を積極的に受け入れたごくわずかな人――シアーズ・ローバック［訳注：一八九三年創立の小売業者。カタログによる通信販売で成功を収め、後に店舗を全米に展開し、一九八〇年代初頭まで全米トップの小売業者として君臨するも、二〇〇五年に同業のKマートと合併］の創業者のような人物――以外は、必死に働くことなしに成功を収めた例がほとんどありませんでした。経営者層のほとんどは、産業の分野だけでなく教育の分野でも、惨めな失敗を繰り返し、一〇年以内に表舞台から消えていきました。なぜかと言えば、彼らは現実を受け入れられなかったからです。自分自身の物の見方を変えられなかったからです。

一九二〇年代を通じて、保護主義が勢いを増し、孤立主義が盛んになり、そして自給自足への流れが強くなりました。そこを襲ったのが大恐慌です。一九五〇年代前後に、私はニューヨークにあるいくつかの銀行の仕事を少しばかりしていました。ニューヨークの銀行は、国際的な銀行業が突然台頭した現実を受け入れられませんでした。そして、こうした銀行の大半は姿を消してしまいました。その主な原因は、彼らが経済の拡大と国際的なビジネスが存在する事実を受け入れられなかったからです。これはいつの時代にも、非常に困難な課題なのです。

今また私は、ある現実に悩まされています。それは、アメリカの企業で働くたくさんの私の友人がコンピューターの奴隷になってしまっている——ヨーロッパ企業のほうがもっとひどいのですが——という現実です。コンピューターには大変な魅力がありますが、それは精神年齢五歳の人間が感じる魅力だと私は思っています。おそらく、コンピューターを最高に使いこなせる年齢は五歳ではないでしょうか。

大半の人にとっては、コンピューターから手に入れられるのは組織内部のデータ、つまりどこまでも詳しい経理のデータです。私たちは外部のデータをコンピューターに入れられません。データそのものがコンピューターの扱える形式になっていないからです。さまざまなものをコンピューターに収めるには、それらが数量化されていなければなりません。ところが、外部の情報でコンピューター用の形式になっているものはほとんど見当たらないのです。そのため、コンピューターの担当者は外部のデータを取るに足らないものとして捨ててしまいます。

中国人の友だちが、上海や北京では近年、自動車を必需品だと考えていると私に言ったその内容を、どのようにすれば数量化できるでしょうか。それは無理な話ですが、中国に関するどんな統計よりも、この友だちの話のほうが多くのことを教えてくれています。中国はまだ貧しい国です。けれども、もはや開発途上国ではありません。今の中国は本質的に今までとは違った国になっているのです。それを数量化できないにしても、どちらの都市でも、ものの一〇分もそこにいれば、その違いが理解できるでしょう。自分のコンピューターばかり眺めている人には、いつまでたってもその事実が見えてこないのです。

非営利組織を経営する

二〇〇一年——クレアモント大学院大学での講義

社会セクター、独立セクター、呼び方は何でもかまいませんが、そうしたセクターの出現は、ごく最近の現象です。これは昔から続いてきた慈善事業とはまったく違います。慈善事業が目指しているのは人々の苦しみを和らげることであって、これが慈善活動をしている人の心の薬になっています。けれども慈善事業によって、その施しを受ける人の人生が変わり、それが永続的に続くなどという幻想は誰ひとり、これっぽっちも持っていません。

慈善事業は当時、つまり一三五年前に活動が始まった当時、納得のいく結果を残すべきだ、大きな成果を上げるべきだ、そして最終的には、人類やコミュニティーの変革につなげるべきだ、という考え方が生まれました。私はここで、昔からの要求課題は今でも存在している、と強調しておきます。

救世軍［訳注：軍隊式組織により伝道事業や社会福祉事業、教育・医療事業を推進するキリスト教プロテスタントの一派］のスープ接待所に注目すると、そこはまさに貧しい人たちに対する食料供給の場になっています。救世軍は路上で生活するホームレスの人たちや麻薬中毒者、そして刑務所からの出所者などを社会復帰させようと多忙な日々を送っています。とはいえ、このスープ接待所は必要としている人たちがいるからこそ存在しているのです。つまり、飢えた人たちのためにあるのです。スープ接待所は今夜一晩、彼らの苦しみを和らげるためにある――それが活動のすべてです。そして、そうした必要性が消えてなくなることはないでしょう。

四〇年前、私たちは、どうにかすればこの必要性を解消できるという錯覚にとらわれていました。一九六四年に打ち出された〝貧困との闘い〟［訳注：リンドン・ジョンソン大統領が一般教書演説で宣言］は、一〇年以内に貧困をなくすと約束しました。ですが、話はそれほど簡単ではありませんでした。将来の見通せる範囲に限って言えば、この必要性は常に存在し続けるでしょう。けれども、貧困をなくすことが最優先ではなくなりました。最優先の課題は、成果を上げようと努力している私たちのさまざまな組織にあるのです。今、私たちが三つのセクター［訳注：政府と企業と非営利組織のこと］について語っていることですら、きわめて最近の現象です。

一九五〇年代に最も輝いていた経済学者と言えば、ジョン・ケネス・ガルブレイスでしょう。一九五八年に著した『ゆたかな社会』の中で、ガルブレイス氏本人が認識していたセクターは二種類だけでした。それは、政府と企業です。ハーバードの教授であったガルブレイス氏は、ハーバードが政府でもなく、また企業でもないことに気がつきませんでした。気がつかなくても、ハーバードは相当大きな組織でしたが、その事実が彼の頭には浮かんできませんでした。

私がこう断言できる理由をお話ししましょう。その書物が出版されて間もなく、彼と二人で会いました。ガルブレイス氏は第二次世界大戦時代からの私の古い友人です。そのとき私はちょっと冗談めかしてこう言いました。「実は、アメリカには大きな組織が三種類あるんです。その中で最強の組織が、ハーバード」。それに対しガルブレイス氏は、「まったく気がつかなかった」と答えたのです。誰ひとり、そんな指摘はしませんでした。

今、私たちが非営利セクターと呼んでいるところには、はっきりとした最終損益がありません。そうすると、今の非営利組織の中で生まれてくる疑問は、「成果というものをどのように定義すればよいか。われわれの目的は何か」ということになります。

大金持ちのビル・ゲイツ氏は、自分のお金を使ってするべきことがさっぱりわかっていません。だからゲイツ氏にとって、慈善事業の目的とは、きわめて単純な計算のもとに、さっさとお金を寄付することなのです。ゲイツ氏は、連邦政府にそのお金を税金として納めるよりも、寄付して浪費するつもりでいます。これはどこから見ても、理に適っています。ゲイツ氏がお金を寄付しなければ、連邦政府がそれを手にするのですから。おそらくゲイツ氏は合理的な人で、無差別に寄付行為をすることのほうが、連邦政府による成果よりも納得のいく成果につながる可能性が高い、と感じているのでしょう。連邦政府が生み出す成果は、それほどすばらしいものではないのです。

こんにち、みなさんは非営利の仕事で成果を上げようとなさっています。現代の医療事業団の第一号は、アメリカ心臓協会だと私は思っています。けれども、それには確信がないことをお断りしておきます。この協会が本来の実力を発揮したのは第二次世界大戦後です。その成果は目覚ましいものでした。それは仕事の絞り込みのおかげです。過去には、事業を心臓血管系全般に拡大しようとして、感情的な内紛を起こしたこともありました。なかには、循環器系全体の動脈と静脈に注目すべきだという人もいました。活動自体が滞ってしまうほどの大騒動でした。

アメリカ肺協会は肺だけを関心の対象にしています。精神医療協会は精神的健康以外の対象に関心を向けるつもりはありません。おそらく、彼らの大半は、腎臓の正確な位置すらわかっていませんし、それに関心を持つこともないでしょう。しかしそうすることによって、すばらしい成功につながっているのです。彼らは集中しています。なぜかと言えば、集中すれば納得のいく結果が得られるからです。

そこには確かに、ある種の必要性があるはずです。そうでなければ、説明がつきません。ただし、それによって期待できそうな成果は、当面の苦しみを和らげることだけです。たとえば、街角に二人の子どもを抱えた貧しい女性がいたとします。スープ接待所がこの三人に食事と一晩夜露をしのぐ場所を与えます。それだけのことです。次の日になると、そこに隠れている原因が何であっても、母子はまた街角へ戻らなければならないのです。

その原因は母親が何かの中毒者だからかもしれません。運が悪かったからかもしれないし、精神的な病気にかかっているからかもしれません。けれども、少なくとも今夜だけは、この貧しい女性と二人の子どもは十分な食事を取って、おなかをすかしたまま眠りにつかなくてもすむのです。これが苦しみを和らげるということであって、生活を変えるということではありません。必要最低限はそれでいいのかもしれません。しかしこれから先、私たちは、ますます長い目で見た成果を目指す仕事へと移っていくことになるでしょう。

一九六〇年前後、アメリカ心臓協会はその目標を文字通り立て直しました。一〇年、二〇年、三〇年そして四〇年という期間における成果目標を設定し、しかも結果的にそれらをことごとく上回る成果を上げたのです。ところが、これらの目標は非常に具体的で計測可能な、数量化された成果でした。そこで、この協会のことを、実際は施しの精神と一致していないと批判する人たちが現れています。そこにはある種のバランスがあるはずです。とはいえ、基本的に好むと好まざるとにかかわらず、私たちは自分たちの主眼――納得のいく成果――を定義し、それを達成しようとする方向に変えてきているのです。

ボーイスカウトとガールスカウトを例に挙げてみましょう。どちらも非常に大きな組織です。このふたつは、ある基本的な一点で大きな違いがあります。もっとも、その一点というのは、一方が男の子だけの組織、もう一方が女の子だけ、ということではありません。ボーイスカウトの場合は、子どもたち、つまり男の子が大きな成果を上げることを目指しています。ガールスカウトの場合には、ボランティアの母親が中心的な構成員になっています。これはとても大きな違いです。

けれども、このおかげでガールスカウトは、わが国の人口構成の変化を乗り切っただけでなく、そうした人口構成の変化からその恩恵を受けられるようにもなりました。二五年前には、ボーイスカウトとガールスカウトの両方とも団員はみな白人で、郊外に住んでいる中流の子どもたちばかりでした。そこへ大量の移民――ヒスパニックとアジア系――や黒人が郊外の住宅地に殺到してきます。すると、ボーイスカウトはこの現象に対処できず、深刻な事態に陥りました。一方、ガールスカウトは五年間内部抗争を繰り返した末、原則的にこう宣言したのです。「女の子はどの子もみんな、女の子でありさえすればガールスカウトに参加できる」

これまでのところ、ボーイスカウトの分隊のほとんどは、民族ごとに分けられていました。ガールスカウトは、すべての女の子に開かれた集団にすると決断しました。その主な成果目標――非常によく計算されていました――を、ヒスパニック系の母親、ベトナム人の母親、黒人の母親などが、このコミュニティーのメンバーになれる方法を整備することにしました。それが最初の成果だと考えたのです。

ボーイスカウトの団員数は急落の一途をたどっています。なかでも、ボランティアの数が激減しています。現在のガールスカウトは、女の子の団員数を約五〇パーセント増やし、しかもボランティアの数に至ってはほぼ倍増させています。これは、彼らが成果目標を明確に定義したからです。その結果、家族的な一体感が生まれました。ガールスカウトのミッションステートメントを読むと、そこにはボランティアの母親についての記述はありません。すべて女の子のことばかりです。ところが、その実際の方針を見てみると、ガールスカウトとは地域分隊の中に作られたボランティア組織であって、それが活動の主眼になっています。要するに、コミュニティーの創造なのです。

〝よいことをする〟のは成果目標ではありません。〝よいことをする〟というのは、お金を与えることを意味しています。目覚ましい仕事をするというのが成果目標です。それは簡単な話ではありません。大変な危険も伴います。それは、ボーイスカウトとガールスカウトが教えてくれているとおりです。人は決断をしなければなりません。しかもそれは、間違った決断や成果の期待できない決断であってはならないのです。

今、私たちは、互いに違った人たちがどんな成果目標を立てるべきかについて、互いに違った考えを持っている事実を認識しなければなりません。ほかのことはともかく、非営利組織の中でわれわれのミッションは何なのかと問いただせば、それがあっという間に内紛の引き金になってしまうのではないでしょうか。それこそが、実に多くの非営利組織がこの問いかけをしようとしない理由なのです。

だからこそ、この問いかけをするべきです。意見の食い違いを恐れるほど危険なことはありません。意見の食い違いがなければ、決して成果が期待できる決断を下せません。その理由は簡単、成果の期待できる決断は、大きなリスクを伴う決断だからです。成果の期待できる決断をしない限り、自分が何を決断しているのか、本当は何を危険にさらしているのか理解できないのです。

ポモナ教会協議会を例にしてみましょう。どなたか関係のある方はいらっしゃいますか? 私は関係があるのですが、妻を通してという条件付きですから、それは非常にゆるやかなつながりです。この地域には六〇軒、ひょっとすると一〇〇軒ほどの教会があります。聖職者が集まって共通の問題を話し合うのは、それほど悪いアイデアではありません。また、そうした問題を公にする前に、あらかじめ意見の食い違いについて徹底的に話し合うことによって、公衆の面前でバカ丸出しの醜態をさらさなくてもすむようにするというのも、なかなかいいアイデアです。そうすれば、論理的には、「私たちの関係は大変うまく行っています。常時活動する組織を作って、一緒に何か仕事をしませんか」という段階へと移っていきます。そうです、これが、この特定の協議会が実際に生まれてきた経緯なのだと私は思っています。

けれども、聖職者には何もわかっていませんでした。今でも何をすればよいのかわかっていません。「エコノミスト全員をずらりと並べても何の結論も得られない」という昔からのことわざをご存じだと思います。聖職者もまったくこれと変わりはないのです。人類の大部分もそれと同じです。だから彼らは、自分たちには目的がひとつもないということを積極的に言わなければなりません。ポモナ教会協議会が存在しなければならないと謳っている法律などひとつもありません。協議会は神の創造物ではなく、人間が創り出したものです。協議会のすべてに合理性があるとは限らないのです。

してはいけない例をご紹介しましょう。最も成功した非営利の仕事——何の脚色もない文字通りの意味です——は小児麻痺、つまりポリオのキャンペーンです。これには過去の前例が何ひとつありませんでした。フランクリン・ルーズベルトはみなさんご存じのように、一九二一年にポリオにかかり、死の淵をさまよいました。決して完治しませんでした。彼の法律顧問であるベイゼル・オコナーはポリオと闘う財団［原注：国立小児麻痺財団。のちにマーチオブダイムズ（ダイムズ＝一〇セントの行進）に改組］を創設します。オコナーは弁護士で、科学的知識はゼロでした。

にもかかわらず、オコナーは現代的な研究手法を発明しました。それは、新たな事実をもとに研究を始めるのではなく、目標をかかげてから着手する手法でした。基本的には、目標から逆算した仕事の仕方をするのです。最近の六〇年間あるいは七〇年間で成功したキャンペーンはすべて、この手法がもとになっています。NASAのモデルになったのが、このポリオ・キャンペーンです。最初に最終的な成果を設定してから始め、〝まず何を知らなければならないのか〟といったことを考えながら、逆に戻るような仕事の仕方をするわけです。

この手法を取り始めたのは一九三〇年代のことです。それから何十年かあとになって、ポリオのワクチンが開発されました。そしてそのときに、マーチオブダイムズを解散しておくべきだったのです。彼らはこう語るべきでした。「われわれは、目標にしてきたことを達成しました。優秀な方々の全面的なご協力に感謝します。どんちゃん騒ぎをして、浴びるほどシャンペンを飲んで、そして解散しようではありませんか」

ところが、彼らは自分たちがすばらしい集金マシンを作り上げたことに気がつきます。マーチオブダイムズほどの集金力のある組織はどこにもありませんでした。そこで彼らは〝せっかくの組織を無駄にすることはない。目的をひねり出せばいいんだ〟と考え始めたのです。目的をひねり出し続けて、もう五〇年になります。幸いなことに、彼らは大した金額を集めていません。人々はそれほどバカではありませんから。しかし、彼らはあまりにも多くの浪費を重ねています。これまでに達成したものは何もありません。ただのひとつとして、です。その例外は、高すぎる給料を支払っている二〇種類の仕事でしょう。

成果が永遠に続くことはありません。ひとつ例をご紹介します。カンザスシティーにはルーテル派［訳注：プロテスタント最大の教派］の施設があり、ホームレスの援助で大変な成功を収めています。彼らは約四〇パーセントのホームレスを社会復帰させています。ここを除いた最高の復帰率は約一〇パーセントです。彼らは、ホームレスの多い地域に関心を持つ一方で、自分たちが成功しそうもない地域のことを気に病むことはありません。「私たちは変えられる地域を探している」と言っています。

このルーテル派の人たちは荒廃した住居を見つけてきては、ボランティアの手でそこをモデル住宅に生まれ変わらせます。きれいにペンキが塗られて美しい照明が輝き、清潔で快適な家に仕上げるわけです。そして次に、ホームレスのための仕事を見つけます。ボランティアはそれぞれ、ホームレスの家族が社会復帰できるまでの世話役に指名されるのです。もうひとつ、成功をもたらしているカギがあります。それは、その家族が仕事を見つけて社会復帰ができたら、彼らにボランティアになってくれるよう依頼することです。これがとても重要なカギなのです。

カンザスシティーでは、彼らの活動が四〇パーセントのホームレスに有効に働きました。そして二年前、彼らはホームレスがいなくなったことに気がつきました。うまく行きすぎたのです。今では別の大義を探しています。その過程で、すでに三、四件の候補の採用をあきらめています。必要性はあるものの、彼らにはその成果目標を達成する方法が見えなかったのです。彼らに言わせれば、自分たちが成果目標を設定できるものが見つからない限り、手を出すつもりはないのです。そうでなければ無駄に終わってしまうからです。つまり、お金の浪費ならまだしも、人的資源を無駄に使っていることになるからです。

会社の未来 I

二〇〇三年――クレアモント大学院大学での講義

つい先日、ヨーロッパの古い友人から私に電話がかかってきました。四五年前にニューヨーク大学で教えた私の生徒でもあります。あるヨーロッパの巨大多国籍企業のCEOになったと言ったあと、彼はこんな質問をしてきました。「先生、教えてください。企業に未来はあるのでしょうか」。私は「ありますよ。でも、それは今までとは違った姿になるでしょうね」と答えました。

たとえば、こんなふうな議論ができるのではないでしょうか。所有者によるコントロールから、戦略によるコントロールへ移行する、あるいは、事業に関係したものをすべて所有する巨大集積企業から、提携や相互協調に基づくある種の同盟へと移行する、という議論です。

この教室の全員が、私も含めて、会社を当たり前の存在だと考えています。私たちは、会社がごく最近に発展を遂げたものだとは認識していません。どれほど過去に例のないものなのかも認識していません。

会社というものがいかに前例のない存在なのかを理解したければ、会社が生まれる直前の時代に書かれた、優れたビジネス小説に残らずあたってみればよいでしょう。英語でならチャールズ・ディケンズ。フランス語でならオノレ・ド・バルザック。どう見ても、私たちにはまだ優れた会社小説がひとつもない、ただのひとつもないというのは偶然ではありません。会社というものが新しすぎる存在だからです。

なぜ、会社が存在するようになったのでしょうか。会社の有利な点は何なのでしょうか。第二次世界大戦の前後まで、こうした疑問は俎上《そじょう》にのせられませんでした。これが議論されたのは、非常に聡明なイギリス人、ロナルド・コースが費用には二種類あることを指摘したときのことです。つまり、〝転換費用〟と〝取引費用〟です。前者は生産に投入される資源の費用のことであり、後者は情報の費用、交渉の費用、取引の秘密を守るための費用などをまとめた費用のことでした。ちなみに、コースはシカゴ大学で教授を務め、ノーベル経済学賞を受賞しています。コースはまた、取引費用は転換費用と同じポイントにまで到達してしまったと語っています。さらに、この聡明なイギリス人は、一九三七年に書いた論文「会社の本質」で、すべての取引費用をひとつにまとめることによって、巨額の節約ができると指摘しました。

おそらくこれが、一八六〇年前後に経営のスキルが必要になった主な理由でしょう。もし、経営のスキルが古くからあると思っておられるなら、それは完全な間違いです。個人的な例をひとつご紹介します。それは、一九二〇年代初めの話です。当時、私は中学校に通っていました。私の父は、私が将来自分で生計を立てなければならなくなる、けれども私にはまったくその能力がないと的確に判断したのです。そこで父は、私を昼のラテン語学校が終わったあと、経営のスキルを教えていた商業高校の夜間コースに送り込みました。

それから数年後、私はハンブルクにあるヨーロッパ最大の輸出会社の見習い、つまり研修生のひとりになりました。私たちは中等教育を終えた最初の研修生でした。ほかの人たちはみな、例外なく一一歳で働きに出ていました。そこで、オフィスのマネジャーが私たちにこう声をかけてきました。「みんな、気にしないで聞いてください、君たちは、経営で成功するにしては、あまりにも高い教育を受けすぎています」。この指摘は正しかった。続けてこう付け加えました。「もし経営で生計を立てたいのなら、必要なスキルは三つ。つまり速記、タイプ、そして複式簿記のスキルです」

今では古くからある輸出会社で働く昔気質《むかしかたぎ》の経営者でも、こんなことを言う人はいないでしょう。けれども、そうした考えが、まったく新しい社会的組織——会社——の起源だったのです。人類の歴史上、これ以上急速に勃興した仕組みはひとつもないと思います。

しかし今、会社は変わり続けています。それはどのように、でしょうか。ひとつ例を挙げましょう。いったん就職すると、そこでずっと仕事を続けるというのが昔の働き方の前提でした。一九五五年前後、私は、ゼネラル・エレクトリック（GE）で働いている管理職に関する研究を行ないました。それは大きな集団でした。最初の就職口はGE以外だった人の割合が圧倒的に高かったにもかかわらず、二番目の職場としてGEを選んだ人のなんと八九パーセントが、そのまま定年までGEで働き続けていたのです。

この現象は、今でも一部の老舗企業には当てはまるかもしれません。その最右翼はIBMです。けれども、この例はマイクロソフトには当てはまりません。私の友人で、マイクロソフトの人事部で非常に高いポジションにいる人から聞いた話では、社員の九〇パーセントにとって、マイクロソフトは四番目の就職口なのだそうです。また、離職率は六〇パーセントになるとも教えてくれました。もしこの数字をGEの人たちに伝えたら、誰もが気を失ってしまうでしょう。

もうひとつの大きな変化は、会社が基本的な前提を放棄してしまったことです。暗黙の前提、つまり私たちがどんな仕事をしようが、その仕事は会社の中でするという前提の放棄です。今の基本的な前提は、私たちが毎日取り組んでいない仕事は外部委託《アウトソース》にする、に変わっています。

社内の力だけで仕事を完結させるためには、そうした仕事をこなすためのコアコンピタンスが必要です。なぜかと言えば、絶えずその仕事に取り組むことによって立派な成果を上げなければならないからです。したがって、そのルールはこうなっていきます。「自分を目立たせてくれる仕事、自分の独自性が発揮できる仕事、そういった仕事だけをする」。こういったルールです。

アウトソースについて言えば、コストの節約というのは、そのほとんどが経理の都合のよい作り話です。データ処理の機器を扱う仕事だけを専門にしている組織や特殊な調査を手がけている組織などにアウトソースする本当の理由は、知識の生産性を向上させる最もよい方法だからです。明日の会社は、ある専門的な仕事だけに専念しているからこそ最高の結果を生み出す、そんな外部の組織を見つけるところになるでしょう。

ヨーロッパから電話をかけてきたあの友人は、その会社で働きながら、何年もかけてコンピタンスを磨き上げてきました。ところが、最近の二〇年間は、それらの仕事をアウトソースすることに時間を費やしてきたそうです。しかも、その友人に言わせれば、この会社を担当している新聞記者は、この事実を理解していないらしいのです。総売上高は三倍に増加しているのに、従業員の数はかつての四分の一になっています。新聞記者はこの会社の生産性が上がっていると考えていますが、そんなことはありません。会社は仕事をアウトソースしただけです。会社の仕事をこなしている人たちは、この会社の従業員ではありません。会社の仕事に取り組んでいる人の約三分の二は、その会社の従業員ではないのです。

アメリカ国内で最も急速に成長している業界の領域で働いているのは、プロの従業員管理者の集団です。つまり、他の会社の従業員を管理する企業です。その最大の企業は、エグザルト。カリフォルニア州のアーヴィンにあります。この会社はブリティッシュ・

ペトロリアム〔訳注：現BP。イギリス系石油メジャー〕やユニシス〔訳注：ITサービスとソリューションを提供するアメリカの国際的企業〕、さらにはこれと同じような企業の仕事を手がけています。

エグザルトの従業員は、長年にわたってブリティッシュ・ペトロリアムの仕事をフルタイムでこなしています。彼らはどこの会社の従業員なのでしょうか。ブリティッシュ・ペトロリアムには彼らを管理する用意などありません。エグザルトのほうは、基本的に労働力を供給しているだけです。非常に大きな難題は、私たちはどのようにして、フルタイムで毎年毎年働き続けている人たちを管理する術を学べばよいのか、ということです。この場合、管理ということばは間違っているかもしれません。

難題はまだあります。誰が法的に私たちの会社の従業員ではないのか、ということです。私たちはどのように対処すればよいのでしょうか。それは誰にもわかりません。私に聞かないでください。私にもわからないのですから。

ある日本企業を例にすると、その仕事をしている人の六〇パーセントはその企業の従業員ではありません。会社は彼らに対する人事方針をまったく持ち合わせていません。それが、きりがないほど次々に問題を引き起こす原因になっています。

ここまで駆け足で見てきたのは、明日の会社はこっちで契約を結び、あっちで少しばかり仕事に関与し、そしてノウハウの契約を結ぶ、ということです。これはある種のネットワークです。連合というものです。だからこそ、価値観の違う人たち、ゴールの異なる人たち、そしてコントロールの利かない人たちと一緒に仕事をすることを学ばなければならないのです。

提携の極意は、手始めとして、同盟相手に次のようにたずねることにあります。「何を達成しようとなさっているのですか。何が一番大切だとお考えですか」。逆にいけないのは、「これこそ私どもがあなたに期待することです」などという発言です。そうではなく、「私どもに何を期待なさっているのでしょうか」とたずねるべきです。これが会社にとって重要な経営の核心になるはずです。

変化はまだあります。少なくとも一九五〇年以来、私たちは資本の生産性について研究し、大いに成功を収めてきました。これからは、新しい労働者の生産性についても研究しなければならなくなるでしょう。

その中でも注目すべきなのは、女性と男性との比率です。三〇年前に今日のような集会を開けば、会場に女性の姿はまず見られなかったでしょう。今この教室では、ほぼ五〇対五〇です。私たち男性は、女性の職場進出を受け入れるのが賢いことであり、そしてそれを楽しんでいるという事実を受け入れるでしょうか？　これは真面目な質問です。女性は信じられないほど、働くことに飢えています。事実、歴史を通して見れば、男性も女性も常に働いていました。家で椅子に座って針仕事をしながら時間をつぶしている主婦は、一九世紀の絵空事にすぎません。農夫とその妻の両方がいなければ、農場の経営はできません。両方がいて初めてできるのです。女性ひとりだけでも農場の経営はできません。

私たちの知る限り世界で最高の農民は、ペンシルベニア州のモラビア人［訳注：モラビアはチェコ共和国東部を指す歴史的名称の英語読み］ではないでしょうか。彼らには厳しいルールがあって、もし夫か妻のどちらかが死ねば、残されたほうは六か月以内に再婚しなければなりません。それができなければ、農場を失うのです。これが彼らのルールです。そういえば、救世軍にもこれによく似たルールがあります。つまり、救世軍のキャプテンのような例はほかに見あたりませんが、救世軍のキャプテン――男性です――がいれば、その妻もまた、同じ救世軍のキャプテンなのです。だからこれは、なにも新しいことではありません。

同時に、男性と女性は歴史的に見れば、しばしば異なった仕事をこなしてきました。私たちの先祖を振り返ってみると、かつて男性は狩りをし、女性は食用になる草を集め、子どもの世話をしていました。私たちが商業取引の記録を確認している最古の文明はシュメール人〔訳注：紀元前三〇〇〇年ごろ、メソポタミア南部に都市国家を建て、くさび形文字・法典などを作った民族〕の文明です。商人、つまり商品を輸送していた人たちは、みな男性でした。筆記者もみな男性でした。ところが、価格を設定していた人たち、つまり管理者と言ってもいいと思いますが、この人たちはみな女性だったのです。男性の管理者が「雄牛六頭は陶器六四個と同じ値段だ」といった類のことを言ったという記録は、ひとつもありません。記録ではすべて女性です。

わが国では、男性が乳牛の乳絞りをします。ヨーロッパでは、それは女性の役目です。その理由はわかりません。その一方で、一七〇〇年になって初めて、機《はた》を織る女性が現れました。それまで糸を紡ぐ仕事は女性、機を織るのは男性の仕事でした。日本では、第二次世界大戦の時代まで、焼き物師は男性だけでした。つまり、歴史的に見て、男性と女性は異なる仕事をしてきたのです。この事実は今でも、非知識労働の場合に当てはまります。

けれども、知識労働は違います。世の中に現れた知識労働の現代的形式の第一号は、看護です。出現するきっかけになったのは、一八五四年のクリミア戦争〔訳注：聖地エルサレムの管理権をトルコに要求して南下を図ったロシアに対し、阻止しようとするイギリスなどがクリミア半島に出兵して始まった戦争。ロシアが敗北した〕でした。当時、看護の仕事は女性の仕事でした。ところが今では、看護学校に通っているわが国の学生の半数が男性です。女性の医師が最初に現れたのがアメリカで、次にイギリス、そして一八六〇年から一八九〇年にかけてオーストリアにも出現しました。キュリー夫人のきょうだい〔原注：ブロニスラヴァ・スクウォドフスカ〕はパリで大学を卒業した初の女性医師でした。

そのようなわけで、知識労働の世界では、男性と女性は同じ仕事をしています。知識労働は本当に新しく、今までに存在しなかった仕事です。ごく最近になって創造された仕事です。ただし、女性の進出はそれなりの問題を抱えています。ヨーロッパでは、まだ非常に対処の難しい問題であり、日本では解決のつかない問題です。わが国はおそらく、この問題が大きくなっていない唯一の国なのではないでしょうか。この国で私たちは、この仕事の環境にたやすく簡単に順応してきたのですから。

会社の未来 Ⅱ

二〇〇三年——クレアモント大学院大学での講義

今日は、成果とは何か、というテーマについてお話しします。実に単純なテーマのように聞こえますが、私はこれについて、今までかなり長い時間をかけて取り組んできました。ますます厄介で、ますます込み入ったテーマになってきています。そのようなわけで、もし私がトンチンカンなことを口走ったら、そのときはどうかご勘弁ください。なぜかと言えば、自分自身よく理解しておらず、まだ自分なりに解明しきれていない領域がいくつか残っているからです。

私たちはすでに組織の社会に足を踏み入れています。そうした組織のすべてに共通して見られる——少なくとも歴史上初めてかもしれません——事実は、組織は組織の外部だけで成果を生み出してきたということです。もし病院に行くことになっても、そこの看護師が満たされているかどうかにはまったく無関心です。関心の対象になっている病院の成果とは、患者の完治であって、看護師の満足ではありません。患者の完治というのは、患者が自分の足で歩いて退院し、病院には戻ってこないという意味です。これが成果です。同じことが私たちの組織の社会に存在するすべての組織に当てはまるのです。

けれども、私の著作もすべて含めて、私たちが経営について書いたり考えたりしてきた内容を見てみると、私たちが議論の対象にしてきたのは、本当に組織内部のことばかりです。みなさんが試しにお読みになるのが、拙著『現代の経営』（一九五四年）のような初期の著作でも、ハーバード・ビジネススクール教授、マイケル・ポーターが戦略についいて書いた著作でも、どちらでもかまいません。そうした著作は内側から外側を向いていますし、実際に組織の内部をまとめ上げるための議論が展開されています。

もし経営とは何か、経営とは何をすることか、といったことを理解したければ、組織の外における成果から考え始めなければなりません。多くの場合、成果を定義するのは簡単ではありません。私は中西部にある優秀なカレッジ数校に協力してきました。けれども、こうしたカレッジの成果とは何なのでしょうか。何人の学生をハーバード・ロースクールに入学させているか、ということでしょうか。それは無駄な努力なのかもしれません。それでは、病院にとっての収益、あるいはガールスカウト、教会にとっての収益とは何でしょうか。おわかりになりますか？　その難しさにびっくりなさっても無理はないでしょう。

私たちは、企業にとっての最終的な成果が純利益であることを理解しています。それでは、市場の中での実力に基づく立場についてはどうでしょうか。この定義はそれほど簡単ではありません。しかも絶えず急速に変化しています。

株主の視点からすれば、彼らの関心事は、それが配当であっても株価であっても、要するに財政的な成果だけです。企業の視点からすれば、どうすれば資本の調達コストを一番安くできるか、そしてどうすればそれを最も効率的に使えるか、という問いかけになります。けれども、これに対する答えを求めるたびに、経営の流儀が十人十色であることに驚かれることと思います。

最近の例をひとつ、お話ししましょう。非常によく似たデパートチェーンの二社が、時間的にも前後して、私のところにそれぞれ相談を持ちかけてきました。それは、販売員にどんな仕事を期待すればよいのか、という相談でした。一方の会社は、販売員の成果を売上票の金額と規定していました。たとえば、販売した品物の売上票の金額が六・一五ドルよりも六一五ドルのほうがよいということです。もう一社は、販売員の成果を顧客を喜ばせ固定客にすることと考えていました。

両社は、スミス夫人が来店して、たとえばベティーという販売員から買いたいと言うかどうかでその販売員の仕事を評価します。ベティーは固定客の層を広げているのかどうかの評価です。店の将来にわたる総売上高という視点から考えれば、この二社の甲乙はつけられないと思います。片方がもう一方よりもよいとは断言できません。とはいえ、両社の評価の仕方は一八〇度違っています。違ったタイプの販売員を雇い、違ったタイプの販売員を訓練し、そして違った給料を支払っています。だから、Aチェーンで仕事をそれなりに評価されている女性の販売員がBチェーンでも仕事ができることにはなりません。この反対も起こります。つまり、成果というのはそれほど明快なものではないのです。

現在のビジネススクールで抱えている最大の弱点は、私たちが成果は明快だと信じていることです。ほかにもあります。今まで、私たちは経営を内側から外側に向かう視点で考えてきました。いまだに、組織の内部を外から見つめることを始めてはいません。

私は、これこそが今後三〇年から四〇年かけて行なう私たちの仕事になるような気がしています。

私たちの初期の組織はすべて、ひとつの大目標をかかげていました。それは、変化を阻止する、そうでなければ少なくとも変化を遅らせる、という目標でした。しかし、ビジネスの組織が存在する目的は、変化を生み出すことと変化を活かすことにあります。また、初期のあらゆる組織は、独占状態を目指していました。しかし、現代の組織は——ビジネスの領域だけに限りません——厳しい競争の世界の中に存在しています。だからこそ、「この事実には、成果という点から、どんな意味があるのだろう」と問いかけなければなりません。

製紙会社を経営し、紙の研究所を持っていたとすれば、研究所の研究開発のテーマはすべて紙の製造になり、この製紙会社に必要なものはすべて、その研究所から生まれてきました。一九世紀の立派な研究所はすべて、この論理を根拠にして創設され、研究所の主眼はひとつの業種に絞られていました。そしてそれが、ある特定の業種につながるのはある特定のテクノロジーであり、ある特定のテクノロジーにつながるのはある特定の業種だという、世の中共通の前提だったのです。

この教室でも、大半の方は、いまだにこの説を信じておられるでしょう。しかし、現代の競争の原因がどこにあるのかを考えてみれば、この前提は通用しなくなっています。今日、もし私が会社の経営者で、六か月の借金をしなければならないとしたら、銀行に行くでしょうか。答えはおそらくノーです。銀行ではなく、ゴールドマン・サックスに行って、コマーシャル・ペーパー［訳注：譲渡可能な短期の約束手形。無担保で金利分を額面から割り引かれる］を売却します。

コマーシャル・ペーパーを発明したのは、商業銀行ではありません。それが発明されたのは二〇〇年前のことで、わが国で初めてこれに目をつけたのはある頭の切れる男でした。一九四八年か四九年あたりでしょうか、モルガン・スタンレーかゴールドマン・サックスのどちらかで働いていた男が、契約書の細目まで徹底的に読み込んで気がついたのです。そこからコマーシャル・ペーパーが始まりました。

一九世紀の偉大な素材産業の最後の生き残り——アルミニウム——を急速に変えているテクノロジーの場合、そのテクノロジーの起源は、アルミニウム業界ではありません。その起源はプラスチック業界です。個々のテクノロジーがある特定の業界だけに独占されている時代はもう終わりました。それらは複雑に絡み合っているのです。

つまり、競争を仕掛けてくる相手が、同じ製品を作る、あるいは同じサービスを考えている企業とは限らない、そんな世の中になっているのです。どこから競争を仕掛けてくるのか、見当がつきません。だからこそ、絶え間のない変化やイノベーションの視点から成果を定義する決断に迫られているのです。

これは、ビジネスの組織と同じように、コミュニティーの組織にも当てはまります。コミュニティーの組織は、企業よりもはるかに速いスピードで変化しているのが実態です。この教室に、カリフォルニア州オレンジ郡サドルバックにあるリック・ウォレンの教会のことをご存じの方は何人おいでてでしょうか［訳注：サドルバック教会は週に二万人以上の信者を集めるプロテスタント系バプテスト派の協会。ウォレンはクリスチャン作家としても活躍し、その著書は大ベストセラーを記録している］。ウォレンは現在五〇代で、教会がとってきた伝統的な手法は使わず、まったく何もないところから巨大な教会を生み出しました。伝統的な手法の代わりに、ウォレンがとっている手法は、教会のことを変化を助ける代理人、変化のリーダー、そして競争相手として考えることなのです。

競争の意味を定義する必要があります。こうしたことは教科書には書いてありません。とはいえ、長期的な成果もまた上げなければ短期的な成果を上げる必要に迫られています。

ればなりません。しかも長期的というのは、単に短い期間の積み重ねではないのです。

常に問い続けなければならないのは、「もしわれわれが短期的な成果を得られるチャンスがあるからといって仕事をしているとすれば、それは長期的な成果を上げるための仕事を難しくする原因になってはいないだろうか、それとも役に立っているのだろうか」といった点です。

医療の世界で、こんな古いことわざがあります。「病気の老女が延命のための手術を受けようとしても、その前の晩に亡くなれば何にもならない。もし老女がその晩を無事に過ごしても、手術中に亡くなれば何にもならない」。つまり、短期的な成果と長期的な成果の両方が必要だということです。このふたつは互いに違ったものでも、両立します。

したがって、これが今後私たちを待っている非常に困難な課題ということになります。では、何が成果になるのでしょうか。それらをどのように定義すればよいのでしょうか。それらのバランスをどのようにしてとればよいのでしょうか。拙著『現代の経営』で私が〝バランスト・スコアカード〟を初めて提案したことを、ここで申し上げておきます。実際に今、ハーバード・ビジネススクールで教えられているバランスト・スコアカードは、ハーバードの人たちがそれについての私の話をまったく聞いたことがないのに、私が提案したものとほぼ同じです〔訳注：企業や組織のビジョンと戦略を、四つの視点（財務・顧客・業務プロセス・学習と成長）から具体的なアクションへと変換して計画・管理し、戦略の立案と実行を支援するとともに、戦略そのものも市場や環境の変化に合わせて柔軟に適合させるための経営戦略立案・実行評価のフレームワーク〕。

バランスト・スコアカードの重要性は、その個々の項目にあるのではありません。その重要な点は、バランスト・スコアカードのおかげで、経営する立場にある人が、さまざまな違った角度からその組織を見られることにあるのです。

今流行しているのは、四半期ごとの収益だけに注目することです。しかし、一九五〇年代を振り返ってみましょう。ちょうどゼネラル・エレクトリック（GE）がラルフ・コーディナーをCEOに据えていた時代です。コーディナーはGEの組織を再編し、その成果をどのように評価するかを考え抜きました。コーディナーは基本的に、株主は重要な存在ではないという前提で経営に取り組みました。これは、ガーディナー・ミーンズの有名な著書『近代株式会社と私有財産』（一九三二年）以来、実際の経営上の前提となっていました。この中でミーンズは、株式所有が完全に分散化され、個人の株主が会社の経営について異議を唱えてもまったく影響がないことを指摘したのです。株主が会社の経営に不満を持つなら、その所有する一〇〇株を売却するだけの話です。

世の中ではごく最近まで、つまり、ここ一〇年余りの間に年金基金の件数が増加するまでは、広くこのように信じられていたのです。しかもそれが現実でもありました。カルパース〔原注：カリフォルニア州職員退職年金基金〕のような年金基金になると、その保有株式や債券があまりにも巨額で株式や債券そのものを売却できません。どうしようもありません。そうなると、利子を受け取ることになり、オーナーのように行動しなければならなくなります。

このようにアメリカの大企業の株式をこれほど大量に保有している機関投資家が存在するという現象は、よいことではありません。なぜかと言えば、その投資家からの圧力が常に短期的なものになるからです。私以上に、株価が五パーセントも上昇するような間違いが何度も行なわれるのを目の当たりにした人はいないでしょう。これはまさに現実的な危険をはらんでいる、そう私は考えています。

会社の未来 Ⅲ

二〇〇三年――クレアモント大学院大学での講義

みなさんご存じのように、「情報を握る者が実権を握る」というのは大昔からある名言です。インターネットが発達したおかげで、顧客はあらゆる情報を握っています。実際、もし過去二〇〇年間の経済や社会の歴史を書くことになれば、そこにぴったりとはまる要素のひとつとして、トップの立場にいるごく少数の人から情報が移転した事実を盛り込めるはずです。つまり当時は、製造会社が製品やサービスのあらゆる情報を握っていたのです。この教室にいる人のほとんどは、情報がすでに流通業者へ移転していることをご存じだと思います。そして今、情報は顧客へ移転し続けています。

では、インターネットは新しい流通チャネルのひとつにすぎないのでしょうか。それとも、どこから見ても今まではなかったマーケットなのでしょうか。今の段階では、この設問が適切であってほしいと思うだけです。というのも、私には答えがないからです。もし誰かが、古くからのクライアントがしたように、私のところに来て「私どものビジネスで、この答えを出すのにお力を貸してくださいませんか」と言っても、私にはどこから手をつけていいのかわかりません。

この教室にいる私たちは、マーケティングということばを当たり前のように使っています。けれども、かなり最近まで、マーケティングは誰もが使うことばではありませんでした。歴史を見れば、一七六五年前後の産業革命をきっかけに、蒸気機関が、たとえば織物のような、当時すでに存在していた製品の製造工場に導入されました。製品の需要が満たされなかったのは、生産能力がそれに追いつかなかったからにすぎません。そこにはマーケティングもなければ、売り込みもありませんでした。存在したのは、供給活動だけです。

この状態が一八二九年あたりまで続きました。そこに起こったのが、私がサービス革命と呼んでいるものです。きっかけになったのは鉄道でした。四〇年あるいは五〇年間、新たな可能性が主にサービスの分野で次々に生まれてきたのです。工科大学、商業銀行、電報、郵便サービス、そして近代的な企業などが軒並み、新しいテクノロジーではなく、新しい知力を活用することによって出現したわけです。この時代は、一般的には経済史家から無視されています。なぜなら、彼らのもっぱらの関心は、テクノロジーと製品に向いているからです。

その次に、新しい産業が出現しました。それ以前には想像もできなかった新しい製品によって、次々に新しい産業が生まれたのです。この現象は一八四〇年前後から始まり、第二次世界大戦まで続きました。ここでもやはり、マーケティングはまったく必要ありませんでした。実際、大した売り込みなど必要ありませんでした。たとえば、一九六〇年まで電話会社が抱えていた問題は、十分な数の電話回線を引くことでした。それだけの需要があったのです。

物事がどんどん複雑になり始めるのは、ようやくその次の段階になってからのことです。〝複雑〟よりも、〝入り組んだ〟のほうが適切なことばでしょう。それ以前、需要は一種類だけでした。テクノロジーも一種類、製品も一種類だけでした。このときを境に、物事が複雑に絡まり始めました。初めてその動きが見られたのが、一九二〇年代と三〇年代のアメリカの自動車産業でした。当時のキャディラックにはシボレーと同じ部品が使われていました。けれども、キャディラックを所有する目的は、人の輸送ではありませんでした。その目的はステイタスの誇示だったのです。

ここから売り込みが始まりました。同時にそれは、マーケティングが始まったときでもありました。実際のところ、アメリカのキャディラックがマーケティング手法を使って売られた最初の製品だったと言ってよいでしょう。このとき、マーケティング手法を使って売られたのは、自動車そのものではありませんでした。それはステイタスだったのです。一方、ロールス・ロイスはいつまでも乗り続けられるように作られていました。初期のロールス・ロイスの謳い文句は、「一生乗れる、市場で最も安い乗用車」でした。こうした主張はキャディラックにはまったくありませんでした。キャディラックはステイタスを売っていたからです。こうして、単に売り込む以上の手法としてマーケティングが始まったのです。

これがせいぜい六〇年前から七〇年前の出来事です。そして今、私たちは新たな段階に足を踏み入れようとしています。この段階に入ろうとしているのは、インターネットが情報を顧客に移転しているからです。

この三〇年あるいは四〇年、マーケティングの理論と実践における最も偉大な進歩のひとつに、私たちがマーケットとは何かを定義する術を学んできたことが挙げられます。この分野で仕事をしてきた人には、それが一筋縄ではいかないことがわかっています。とはいえ、「何がわれわれのマーケットなのか」という質問に答えるのはきわめて大事な作業です。その答えは当たるか外れるか、ふたつにひとつです。しかし、インターネットのせいで、あっという間に、この設問自体が的外れになりました。インターネットのおかげで、あらゆるものがローカルなマーケットになったからです。基本的に、インターネットには距離の概念がありません。だから、あらゆるものがローカルなマーケットになるのです。

ここで「マーケティングの目的は何か」という設問に戻りましょう。これにはふたつの答えがあります。ふたりの人がおよそ五〇年前、それぞれ独自に、その答えにたどり着きました。ひとりはハーバード・ビジネススクールのセオドア・レヴィット、そしてもうひとりが私でした［訳注：レヴィットは、多くの企業が生産・製品中心の考え方をしていた時代に、マーケティング意識を取り入れる必要性を説いた画期的な論文「マーケティング近視眼」を発表（一九六〇年）し、大きな衝撃を与えた］。私の考えでは、マーケティングとは顧客の視点から組織を見る行為でした。ところが、マーケティングというのはさまざまな手法を駆使する行為でもあります。つまり、両方とも必要なのです。

　マーケティングのもともとの定義は、「われわれがいろいろな物を作り、顧客がわれわれの作った物を買う」でした。けれどもこれは販売であって、マーケティングではありません。しかし今でも、大半の会社は自分たちの会社とはそういうものだと思っています。マーケティングの出発点は「顧客は何を欲しがっているのか」にあります。そして、この欲求に応えることが顧客を満足させることにつながるのです。企業という企業がこの考え方を唱えています。それでも、実践しているところはほとんどありません。

　ここで、新しい疑問がわいてきます。それはマーケティングに関する疑問です。第一の疑問は、私たちにとって、「インターネットは流通チャネルにすぎないのか、それともインターネット独自のマーケットなのか」ということです。たとえば、ゼネラルモーターズは、インターネットは流通チャネルにすぎないという結論を導き出しました。たとえ注文がインターネット経由で来ても、最寄りのディーラーがそのクルマを納車するからです。確かに、自動車は出荷がそれほど簡単な製品ではないことを考えれば、これは賢い答えです。反対に、書籍のように簡単に移動できるものもあります。そうなると、アマゾン・ドットコムの場合には、インターネットはある種のマーケットであるという結論になります。

これから先は、組織が次のような疑問を突きつけられる傾向が強くなっていくでしょう。つまり、「インターネットは流通チャネルなのか、あるいは独立したビジネスなのか。インターネットによってわれわれは、その経営理論を根底から変えることになるのか」という疑問です。

今から一〇年以内に、私たちが今マーケティングということばで表現している世界の中で、一大変化が起こるのを目の当たりにすることになるでしょう。一方で、マーケティングとは売り込みを支える手法であるという意味はそのまま続くでしょう。また、顧客から見たビジネスという意味もそのまま続くでしょう。けれども、何がマーケットなのか――今顧客が欲しがっているものは何か――という面においては、情報という観点から定義される傾向がますます強くなっていくはずです。つまり、インターネットの情報マーケットの中で、顧客がその目で見、耳で聞き、そして気づくものは何かという定義です。

そこで、私たちはこれから、距離の概念とは縁がないだけでなく、人口構成を手がかりにした定義もできない、そうしたマーケットの視点から、ビジネスを――レストランや病院といったローカルなビジネスまでも――定義し直す必要に迫られることになります。これはとても納得のいかない作業です。少なくとも、私にはとても納得がいきません。それでもこれは、この先私たちを待っている根本的な変化の前兆を示してくれると思います。それもマーケティングの観点からだけではなく、組織を定義し、ビジネスを定義するという観点からも、それを示してくれると思います。

会社の未来 Ⅳ

二〇〇三年――クレアモント大学院大学での講義

私たちは今、初期の段階――おそらく全行程の三分の一あたり――にいます。つまり、欧米諸国が支配してきた国際経済が、多極化した世界経済へと移行していく、そうした過程の初期の段階にいるのです。

アメリカによる現在の経済的支配は一時的な現象です。しかもそれは、急速に終わりに向かっています。これは軍事の話でもありませんし、政治の話でもありません。実際に、この現象を考えれば考えるほど、この先に待ち構えている大きな難題は、政治、軍事力そして経済が完全に並行的に動くことはなく、逆にそれぞれの動きがばらばらになることであるという確信が深まっています。そして、これこそ誰ひとり本当に理解しているとは言えず、しかも私たちにはそれに対処するための理論や実践がまったくないという、それほどの大きな難題だと思っています。

世界経済に目を向ければ、その特徴はグローバル化であるという話にすぐになってしまうものです。この見方は正しいと同時に間違ってもいます。つまり、ある側面では正しく、別の面では間違っているということです。

グローバル化はこれまでのところ、情報という領域だけで起こっています。その領域で、物事は確かに変わりました。携帯電話を持っている東京の女子高校生は、世界中のあらゆるところに電話をかけられるし、実際にそうしています。唯一の障害は、彼女たちが日本語以外話せないことです。また、世界中の携帯電話の持ち主の大半も日本語が話せません。それでも、理論的には世界中の誰とでも話ができるのです。これは重大な変化です。なぜかと言えば、歴史的に見て、独裁的な統治形態はどれもこれも、情報のコントロールをその基盤に据えてきたからです。けれどももう、この手法は通用しません。この現象が政治的にどのような意味を持っているのか私にはわかりません。計り知れないほど広い範囲にわたってしまっているからです。

ある意味で、情報は常に変わりやすく流動的なものでした。ロシア帝国〔訳注：一七二一〜

〔一九一七年〕の秘密警察がロシアの外側からの情報を実際に遮断するのはとても無理な相談でした。彼らは一部の人たちをシベリア送りにし、さまざまなものを没収しましたが、今私が読んでいるドストエフスキー〔訳注：一八二一～一八八一年〕の小説では、西側諸国から情報が流入し、それを止めるのは不可能というのがテーマになっています。

この視点から考えれば、情報のグローバル化はそれほど新しいことではないのです。それでもやはり目新しいのは、情報にはもう距離の概念がないという感覚です。二、三日前、非常に興味深い記事を読みました。それはインターネットにつないでいるドイツの若者を対象にした調査の記事でした。彼らに距離の概念は文字通りまったくありません。彼らにとって、インターネット上の人は、誰もが自分の隣にいる人なのです。この事実は、わが国の若者の場合にもそのまま当てはまります。そのようなわけで、情報には膨大な政治的意味と心理的意味が隠されているのです。それは経済的な意味よりもはるかに大きいものです。ただし、情報があるおかげで、グローバル化についての議論ができるわけです。

マネーについての議論になると、物事はそれほど簡単ではなくなります。一般に浸透している経済理論では、国は金融政策のコントロールができるおかげで、その経済もコントロールできると考えられています。けれども今や、もうそれだけでは国は経済をコントロールできません。二〇〇年前、経済学者は土地や労働力、そして資本を経営資源と定義しました。当時はそのどれもが希少だったからです。今はどうかと言えば、マネーが世界中にあふれ返っているのが実情です。

マネーというものは、もう多国籍ではなくなりました。一三世紀に近代経済が生まれて以来、過去七〇〇年間にわたって続いてきたマネーと同じではなくなりました。信用状［訳注：銀行が取引先の依頼に応じて、その信用を保証するために発行する書面］が考え出されたのは一二三五年前後のことです。これによってマネーに流動性が生まれました。それ以来、各国の政府はマネーをコントロールしようと努力してきました。ところが今では、多国間の協定が成立して初めて、政府の力が発揮できるのです。

よくよく見ると、私たちの連邦準備銀行と大統領は必死に――あまり効果がないのにもかかわらず――金融政策を武器にして、他のあらゆる先進諸国の金融当局と協調しながら、アメリカの経済をコントロールしようとしているのがわかります。今のところ、わが国アメリカはチームのリーダーではありますが、同時にチームの一員でしかないのです。

一方、これまで最大の変化が起こっているのは、製品とサービスの分野です。インドと中国は急速に、アメリカの経済支配に対する対抗勢力に育ってきています。ただし、このふたつの国は互いに大きく異なっています。大きな経済的勢力として世界経済の中で存在感を増していますが、その道筋がかなり違っているのです。中国は製造の中心地、そしてインドは知識の中心地になっています。

みなさんのうちの何人がこの事実にお気づきかわかりません。それはつまり、インドは英語を話す人口が世界で二番目に多い国だということです。インドでは一億五〇〇〇万の人が、第二言語ではなく母国語として英語を話しているのです。彼らは二か国語が話せ、多くの場合、召使いや使用人に対しては土着のことばで話す一方、配偶者には英語で話しています。なぜかと言えば、インドのある地方出の妻はヒンディー語を、その夫はグジャラート語を使っていた場合、この夫婦の間では英語が共通語になるからです。つまり、インドの一億五〇〇〇万人にとって英語は外国のことばではないということです。インドにはまた、世界最高峰の工科大学や医学校もあります。そのようなわけで、インドは、かつて九九パーセントの人が地方住まいだったのに、今ではそれが五〇パーセントにまで減少し、急速に知識の中心地として成長しているのです。

私たちはまた、構成単位が国ではなく経済圏、たとえば北アメリカのNAFTA（北米自由貿易地域）、南アメリカのメルコスール（南米南部共同市場）、EU（欧州連合）などの世界的な経済圏へと移行を始めています。

これまで、ヨーロッパで本物のヨーロッパ企業になった企業はほとんどありません。それらは相変わらずドイツやフランス、あるいはイタリアの企業のままです。その理由は、EUに新たに一五か国が加入するために、EUがいまだに厳しい統合の問題を抱えているからです〔訳注：実際には二〇〇四年に一〇か国が加盟。EUは一九九三年の発足以来、拡大を繰り返しているが、このときの加盟数は最大規模〕。とはいえ、五、六年以内にEUが産みの苦しみを乗り越えたときには、本物のヨーロッパ企業が誕生するはずです。そうした企業がその基盤にするのは、所有よりも連合のほうです。そうなれば、彼らは非常に現実的な競争相手になるでしょう。

経済圏が新しい上部構造として、そして世界経済の主なエージェントとして急速に表舞台に現れている事実は、明々白々です。それでもまだ、私たちはこの事実を理解していません。これを説明する経済理論をまったく持ち合わせていないのです。私たちが理解しているのは次の点だけです。つまり、そうした経済圏とは、内部では自由交易を許しているのに、外部に対しては極端な保護主義的な姿勢をとっているところである、ということだけです。私たちは、新たな重商主義の時代に突入しようとしています。すなわち、それぞれの経済圏が輸出に力を入れ、輸入を抑えようとする時代です。私たちには、この方策はうまく機能しないことがわかっています。ところが、それぞれの経済圏はこの方策を試し、実行しようとしています。これがとくに顕著なのは、社会的な大転換が起こっている分野です。

こうなったのは、どの国でも農民の数が減少すればするほど、保護の姿勢が強まるからです。これは、農民の数と政府補助金の額との完全な負の相関関係だと言ってもよいでしょう。この最も顕著な例がフランスに見られます。フランスの場合、農業人口が一パーセント減少するごとに、農業に対する補助金が増額されます。わが国では、補助金は農業人口が四パーセント減少するごとに増額されています。ドイツでもおおむねわが国と同じです。

日本の場合には、話はそれほどはっきりと見えてはいません。数字をもてあそぶことで日本の右に出るところはないでしょう。エンロンでさえ顔負けです。日本政府は、誰も使わない道路を建設することによって農業セクターに補助金を出しています。そして、建設業に流れるこの政府の金がとにもかくにも、ゆっくりと浸透していくのです。

最近の五〇年間で最も重要な経済的な現象をひとつ挙げるとすれば、それは全世界の農業生産が、農業従事者が九七パーセントも減少しているにもかかわらず、およそ三倍にまで拡大している事実でしょう。

私たちはまた、製造業に起こっている世界的な変化を目の当たりにしています。これは一九五〇年以来続いている農業労働の革命に非常によく似ています。アイゼンハワー大統領時代〔訳注：一九五三〜六一年〕、アメリカの人口の三五パーセントはブルーカラーの工場労働者が占めていました。今では、その人口は一三パーセント前後にまで減少していきます。それでも今、製造業の生産高は、アイゼンハワー時代のほぼ三倍にまでなっています。ジョージ・W・ブッシュ大統領は、ご存じのように、製造業に関する政策を発表しました。現実的には、これは製造業の労働者を対象にしている政策です。けれども、製造業の生産にはどんな保護政策も必要ありません。製造業は信じられないほど、うまく行っているからです。ただし、農業と同じようにうまく行っている一方で、労働者の数はどんどん少なくなっています。

この傾向は、私たちの抱える人種問題の核心部分でも見られます。なぜかと言えば、大量生産をしている産業における工場の仕事というのは、教育に乏しく訓練を受けていない黒人が高い給料を求めてこぞって転職する領域だったからです。デトロイトやブリッジポートで、彼らは非常に給料の高い組合組織化された仕事についていました。こうした仕事は今、急速に変化しています。教育を受けた高いスキルを持つ人たちに取って代わられているのです。

この国では、農業の形態が転換することによって、社会問題が引き起こされたことはまったくありませんでした。それは、農場で仕事をなくした人たちが工場の仕事につくことができたからです。工場では、ほとんど何のスキルも要求されませんでしたが、給料は農業の二倍もありました。今の知識を基盤にした経済でも、仕事の口は豊富に存在しています。ところが、その仕事には高いスキルが要求されます。しかも、組合組織化された製造業の仕事よりも給料はずっと低いのです。デトロイトでは今、二〇年勤続の自動車製造の労働者のコストは、残業手当や給付金、健康保険まで含めれば、一時間あたり約四〇ドルになります。これは知識を基盤にした経済が支払える金額ではありません。

人員整理に遭った現代の工場労働者は、たとえスキルがあったとしても、収入の大幅な減少と雇用不安に直面することになります。問題は、労働者本人にスキルのないことです。これがアメリカの人種問題の中核になっているのです。なぜなら、黒人がこの集団で不釣り合いなほどたくさんの数を占めているからです。黒人の人口の半分が中流になり、都市の貧しい地域から引っ越したという事実が、結局は、もう半分の黒人が抱えている難題をますます厳しいものにしてしまっているのです。

誰もが雇用の流出について議論しています。みなさんも、そうした議論を耳にした経験をお持ちでしょう。しかし誰ひとりとして、トヨタや日産あるいはシーメンスがこの国で創出した雇用についての議論をしません。それは同種の雇用でもなければ、同じ雇用場所とも限りません。けれども、実際にはなんと、アメリカの雇用は流入超過の状態にあるのです。つまり、経済的な見地からすれば、私たちに雇用問題はまったく存在しないということです。

それでも私たちは、社会的な問題を抱えています。それは、人員整理に遭った人たちに、新しい仕事をこなせるだけのスキルが備わっていないからであり、その雇用先が同じところにあるとは限らないからです。新しくアメリカにやって来た雇用が向かった先は、デトロイトではありませんでした。そのようなわけで、雇用の流出について議論するのは間違っています。問題は、新たな雇用が古い雇用先と同じ場所にはないことであり、そして、新しい仕事をこなすために新しいスキルと新しい心構えが求められることです。

この現象が最も深刻に見て取れるのは、アメリカの都市の貧しい地域に住んでいる黒人の間ではなく、ドイツの若者の間です。そこではすばらしい研修制度が用意されているのですが、それでも労働者には新しいチャンスを活かすだけの能力がありません。その原因は、彼らにスキルが備わっていないからではなく、彼らに先々の展望がなく、そして心構えができていないからです。こうした知的な仕事に対する認識すらありません。

このような一九世紀型あるいは二〇世紀型の工場労働者の世界的な流動化現象は、ある種の重大な克服すべき課題になっています。これは、製造の分野の繁栄と何の関係もありません。生産という観点からの製造、そして利益という観点からの製造は、世界中できわめてうまく行っています。一方、製造業で働く労働者は世界中できわめて悲惨な状況に陥っています。

もうひとつ、頭を使わない人たちが議論の対象にしているのは貿易バランスです。これは幻想です。アメリカの輸入品の三分の一はアメリカの会社によるものであって、その輸入品はその会社が海外で作っている製品なのです。つまり、それらの輸入品は、実際には中国かマレーシアで作られているとしても、アメリカの企業が製造した製品ということになります。その会社の総生産高という観点からすると、こうした製品は国内で生産したものと何の変わりもありません。それらの製品を見ただけで、マレーシア製だとは判断できないのです。この視点からすれば、それらの製品は国内生産ということになります。こうした製品に違いが生じるのは、わが国の貿易バランスという観点から考えたときだけです。

ここで話を世界経済に戻します。私たちは経済学の全体的な概念をもう一度考え直す必要があるのではないでしょうか。経済学の基礎になっているのはストックホルム大学のグスタフ・カッセルの仕事です。カッセルは一九〇〇年代の初期、ジョン・メイナード・ケインズの先駆けとなり、現代の政府は現代経済の構成単位になるだろうと説きました。当時、これは革命的な主張となり、大恐慌時代には正統的な学説として広く浸透しました。しかし、今の私たちは経済理論をもう一度考え、経済が国境を越え、国家と同様に経済圏もまた経済を動かすプレイヤーになっている、そんなモデルにその経済理論をうまく当てはめなければなりません。国家とそうした経済圏との関係はまだよく理解できておらず、今でも研究の対象になっています。

また、私たちに必要なのは、先進的な経済のもとで働く労働者の九〇パーセントが肉体労働者ではない、という事実を折り込める経済政策です。彼らは製品の製造に携わる労働者ではなく、サービス労働者であり知識労働者なのです。

そして最後に、こんなお話を付け加えておきましょう。私たちはわが国の国家政策を考え抜いて、資本というのはあくまでも流動的で、と同時にどこでも同じ費用で調達できるものだという、今までにない現実に対処できるようにしなければなりません。今、こうした政策の手がかりになっているのは、人材の生産性だけです。知識労働者の交換はできません。物理療法士は誰ひとり臨床研究の仕事につこうとはしませんし、臨床研究室からは看護師資格を取ろうとする人は出てきません。看護師の中に、数学者に向いた人はいないでしょう。

私たちの周りには、産業革命が同質の労働力を生み出して以降今までに、まったく目にしたことのないような種類の労働力が存在しています。無数のサブユニット、つまり亜粒子的な労働力が存在しています。そうした亜粒子は同質でもなければ、交換可能でもありません。なぜなら、それぞれにある種の専門性があり、長期間にわたる本格的なトレーニングを積む必要があるからです。

私たちは、まったく新しい、完全に今までとは違った思想を開発しなければならなくなるでしょう。そのためには、知識にあふれた人たちは管理できないという発想から始めるのがよいかもしれません。彼らの生産性を上げることに力を貸すこと以外には、何もできないのですから。

訳者あとがき

隠れていたドラッカーが現れた。

本書を一言で表現しろと求められれば、私は迷うことなく、即座にこう答えるでしょう。なぜなら、ドラッカーが文章ではなく、話し言葉で読者に語りかける……その著作の数は三九もあるのに、こうした形式のものはおそらく初めてではないかと思うからです。しかもそこには、やさしくユーモアを交えて語りかけるドラッカーの姿が見える……その意味で、本書はドラッカーの〝異色の〟著作です。

しかも、いわずもがなですが、話し言葉で書かれているとはいっても、読者の期待を決して裏切らない内容になっています。そうか、これもドラッカー先生だったのか――それはあたかも隠れていたドラッカー、もうひとりのドラッカーの発見でもあるのではないかと思います。

いわゆるドラッカー本として〝異色〟という観点からすれば、〝異色〟はもうひとつあります。それは、ときの流れを鋭く見つめるその独創的なアイデアが、ドラッカーが活動した半世紀にわたり時間を追って包括的に理解できるように構成されていることです。「はじめに」にもあるように、一九四〇年代つまり世界大戦の時代から、永眠する二一世紀初頭まで、広い視野で世の中を見つめるドラッカーの思索の変遷をたどり、改めてその時代を見通す洞察力を確認させてくれるのです。

本シリーズがカバーしたこの半世紀にわたるときの流れに、ドラッカーの三九点の著作を置くことによって、読者には、自分に関心のあるテーマを教えてくれる〝ドラッカーの居場所〟がわかるのではないかと思います。たとえばそれは、広大な地域を一度に俯瞰《ふかん》できる詳しい地図を机一杯に広げるようなものです。本書の編者ワルツマン氏による「はじめに」に倣《なら》えば、これからドラッカーを勉強しようという人には恰好の入門書であり、ドラッカーファンにとっては、新たな発見のある、そして〝隠れていたドラッカー〟に会える、そんな絶好の書になっていると思います。ビジネス書というよりは、ドラッカーという人物に関心のある人すべてに贈る親しみやすい読み物、なのかもしれません。

この〝経営の大思想家〟が永眠して五年にもなるのに、その新たな著作が世に出る、そんな信じられないような仕事に微力ながら参画できたことは、翻訳と著作の両方に携わる者として、本当に嬉しいというのが正直な実感です。この機会を与えてくださったアチーブメント出版の関係者の方々には本当に感謝しています。

本書を翻訳していて、私自身、改めてドラッカーからさまざまな啓発を受けたように思います。「話し言葉で語らせる。ドラッカーの思索の半世紀を包括する」という独創的な企画を発案し実現したワルツマン氏と、そして本書の主役・故ドラッカー氏に心から敬意を表します。

二〇一〇年八月

宮本喜一

P. F. ドラッカー著作集

The End of Economic Man: The Origins of Totalitarianism, 1939（邦訳『「経済人」の終わり』上田惇生訳、ダイヤモンド社、二〇〇七年）

The Future of Industrial Man, 1942（邦訳『産業人の未来』上田惇生訳、ダイヤモンド社、二〇〇八年）

Concept of the Corporation, 1946（邦訳『企業とは何か』上田惇生訳、ダイヤモンド社、二〇〇八年）

The New Society, 1950（邦訳『新しい社会と新しい経営』現代経営研究会訳、ダイヤモンド社、一九五七年）

The Practice of Management, 1954（邦訳『現代の経営』上・下巻、上田惇生訳、ダイヤモンド社、二〇〇六年）

America's Next Twenty Years, 1957（邦訳『オートメーションと新しい社会』中島正信監訳、ダイヤモンド社、一九五六年）

Landmarks of Tomorrow: A Report on the New "Post-Modern" world, 1957（邦訳『変貌する産業社会』現代経営研究会訳、ダイヤモンド社、一九五九年）

Managing for Results, 1964（邦訳『創造する経営者』上田惇生訳、ダイヤモンド社、二〇〇七年）

The Effective Executive, 1967（邦訳『経営者の条件』上田惇生訳、ダイヤモンド社、二〇〇六年）

The Age of Discontinuity, 1968（邦訳『断絶の時代』上田惇生訳、ダイヤモンド社、二〇〇七年）

Technology, Management and Society, 1970

Men, Ideas and Politics, 1971

Management: Tasks, Responsibilities, Practices, 1973（邦訳『マネジメント――課題、責任、実践』上・中・下巻、上田惇生訳、ダイヤモンド社、二〇〇八年）

The Unseen Revolution: How Pension Fund Socialism Came to America, 1976（邦訳『「新訳」見えざる革命――年金が経済を支配する』上田惇生訳、ダイヤモンド社、一九九六年）

People and Performance: The Best of Peter Drucker on Management, 1977

An Introductory View of Management, 1977

Adventures of a Bystander, 1978（autobiography）（邦訳『傍観者の時代』上田惇生訳、ダイヤモンド社、二〇〇八年）

Song of the Brush: Japanese Painting from the Sanso Collection, 1979

Managing in Turbulent Times, 1980（邦訳『「新訳」乱気流時代の経営』上田惇生訳、ダイヤモンド社、一九九六年）

Toward the Next Economics and Other Essays, 1981（邦訳『日本成功の代償』久野桂他訳、ダイヤモンド社、一九八一年）

The Changing World of the Executive, 1982（邦訳『変貌する経営者の世界』久野桂他訳、ダイヤモンド社、一九八二年）

The Last of All Possible Worlds, 1982（novel）（邦訳『最後の四重奏』風間禎三郎訳、ダイヤモンド社、一九八三年）

The Temptation to Do Good, 1984（novel）（邦訳『善への誘惑』小林薫訳、ダイヤモンド社、一九八八年）

Innovation and Entrepreneurship, 1985（邦訳『イノベーションと企業家精神』上田惇生訳、ダイヤモンド社、二〇〇七年）

The Frontiers of Management: Where Tomorrow's Decisions Are Being Shaped Today, 1986（邦訳『マネジメント・フロンティア――明日の行動指針』上田惇生、佐々木実智男訳、ダイヤモンド社、一九八六年）

The New Realities: In Government and Politics, in Economics and Business, in Society and World View, 1989（邦訳『「新訳」新しい現実――政治、経済、ビジネス、社会、世界観はどう変わるか』上田惇生訳、ダイヤモンド社、二〇〇四年）

Managing the Nonprofit Organization: Principles and Practices, 1990（邦訳『非営利組織の経営』上田惇生訳、ダイヤモンド社、二〇〇七年）

Managing for the Future: The 1990s and Beyond, 1992（邦訳『未来企業――生き残る組織の条件』上田惇生他訳、ダイヤモンド社、一九九二年）

The Ecological Vision: Reflections on the American Condition, 1993（邦訳『すでに起こった未来――変化を読む眼』上田惇生他訳、ダイヤモンド社、一九九四年）

Post-Capitalist Society, 1993（邦訳『ポスト資本主義社会』上田惇生訳、ダイヤモンド社、二〇〇七年）

Managing in a Time of Great Change, 1995（邦訳『未来への決断――大転換期のサバイバル・マニ

ユアル』上田惇生他訳、ダイヤモンド社、一九九五年）

Drucker on Asia: A Dialogue between Peter Drucker and Isao Nakauchi, 1997

Peter Drucker on the Profession of Management, 1998（邦訳『P．F．ドラッカー経営論集——すでに始まった21世紀』上田惇生訳、ダイヤモンド社、一九九八年）

Management Challenges for the 21st Century, 1999（邦訳『明日を支配するもの——21世紀のマネジメント革命』上田惇生訳、ダイヤモンド社、一九九九年）

The Essential Drucker: The Best of Sixty Years of Peter Drucker's Essential Writings on Management, 2001

Managing in the Next Society, 2002（邦訳『ネクスト・ソサエティ——歴史が見たことのない未来がはじまる』上田惇生訳、ダイヤモンド社、二〇〇二年）

A Functioning Society: Selections from Sixty-Five Years of Writing on Community, Society, and Polity, 2002

The Daily Drucker: 366 Days of Insight and Motivation for Getting the Right Things Done, 2004（with Joseph A. Maciariello）（邦訳『ドラッカー　３６５の金言』ジョゼフ・A．マチャレロ編、上田惇生訳、ダイヤモンド社、二〇〇五年）

The Effective Executive in Action: A Journal for Getting the Right Things Done, 2006（with Joseph A. Maciariello）（邦訳『プロフェッショナルの原点』ジョゼフ・A・マチャレロ共著、上田惇生訳、ダイヤモンド社、二〇〇八年）

＊編集部注：ここに掲載されている著作以外に、「はじめて読むドラッカー」シリーズとして、『［自己実現編］プロフェッショナルの条件』『［マネジメント編］チェンジ・リーダーの条件』『［社会編］イノベーターの条件』が二〇〇〇年に、『［技術編］テクノロジストの条件』（いずれも上田惇生編訳、ダイヤモンド社）が二〇〇五年に、また「ドラッカー名言集」シリーズとして、『仕事の哲学』『経営の哲学』『変革の哲学』『歴史の哲学』（いずれも上田惇生編訳、ダイヤモンド社）が二〇〇三年に世界に先駆け、日本オリジナルで刊行されている。

［著者］

P. F. ドラッカー（Peter F. Drucker）

1909年、オーストリア、ウィーンに生まれる。著述家、大学教授、経営コンサルタント、そして自称“社会エコロジスト”。人間が人間自身を組織化する手法を探究し、生態学者が生態系を観察して分析するのと同じような姿勢で行動した。

「ビジネスウィーク」誌で“経営を発明した人物”と称えられたドラッカーは、社会のあらゆるセクターにおける多種多彩な組織の数多くのリーダーに直接影響を与えた。そうした組織には、ホワイトハウス、ゼネラル・エレクトリック、IBM、インテル、プロクター＆ギャンブル、米国ガールスカウト、救世軍、赤十字、全米農業労働者組合などがある。

ドラッカーの39点の著作は、その無数の学術論文や雑誌記事なども含め、20世紀後半に起こった重要な成長・発展の数々を予言した。たとえば、民営化や権限分散、日本の世界的経済勢力への成長、マーケティングとイノベーションの決定的重要性、そして生涯学習が欠かせない情報社会の誕生と発展などがその代表的な例だろう。1950年代の終盤になると、“知識労働者”ということばを生み出した。そしてそれ以降、かつてないほど多くの人たちが肉体よりも頭脳を使う、そんな時代の検証に没頭した。

その著作で一貫して、ドラッカーは健全なバランスというものを求め続けた。短期的な要求と長期的な継続性とのバランス、収益性とそれ以外の責務とのバランス、個々の組織の具体的なミッションと公益性とのバランス、自由と責任とのバランスなどがその対象だった。

ドラッカーの初めての大著『「経済人」の終わり』は、1939年に出版された。この著作を読んだウィンストン・チャーチルはドラッカーを次のように誉め称えている。「ほとんど何を書いても許される著述家のひとり。なぜなら、自分自身の確固とした考えを持っているだけでなく、周りの人たちの考えを刺激し続けられる天賦の才に恵まれているからだ」

ドラッカーは、自分の周りの世界に対するどこまでも飽くことのない好奇心に促され、そしてその世界をもっとよいところにしようとする心からの願いに促されて、たいていの人ならペンを握らなくなる歳をはるかに超えても書き続けた。その結果、次々に名著が誕生し、とどまる気配がなかった。

サラ・ローレンス・カレッジ、ベニントン・カレッジそしてニューヨーク大学で教えたあと、最後の30年以上はクレアモント大学院大学で教鞭をとった。2002年、国民に与えられる最高の栄誉、大統領自由勲章を受賞。

2005年11月、96歳の誕生日を迎える直前に他界した。

[編者]

リック・ワルツマン（Rick Wartzman）

クレアモント大学院大学ドラッカー・インスティテュートのエグゼクティブ・ディレクター。当研究所は、効率的な経営と責任あるリーダーシップの啓発活動を通じたよりよい社会の構築を目指している。具体的には、その活動の大部分が、P. F. ドラッカーのアイデアや理想をさらに発展させることに注がれている。

「ブルームバーグ・ビジネスウィーク」電子版に寄稿するコラムニストでもある。2008年9月に刊行された著書*Obscene in the Extreme: The Burning and Banning of John Steinbeck's The Grapes of Wrath*は、「ロサンゼルス・タイムズ」紙の年間最優秀ノンフィクション書籍25点に選ばれ、同紙ブックプライズの歴史部門で最終候補に残った。米国ペンクラブの文学賞の候補にもなっている。

また、マーク・アラックスとの共著*The King of California: J.G. Boswell and the Making of a Secret American Empire*はベストセラーとなり、「サンフランシスコ・クロニクル」紙の2003年最優秀書籍10点、「ロサンゼルス・タイムズ」紙の年間最優秀ノンフィクション書籍10点にそれぞれ選ばれたほか、カリフォルニア図書賞やウィリアム・サロイヤン国際著作賞なども受賞している。

ドラッカー・インスティテュート以前には、20年間「ウォールストリート・ジャーナル」と「ロサンゼルス・タイムズ」で新聞記者、編集者、コラムニストとして働いた経験がある。

[訳者]

宮本喜一（みやもと・よしかず）

1948年奈良市生まれ。一橋大学社会学部、経済学部卒業。ソニー、マイクロソフトを経て独立し、翻訳・著作に携わる。訳書に『ジャック・ウェルチ わが経営』（日本経済新聞出版社）、『トム・ピーターズのマニフェストシリーズ』（ランダムハウス講談社）、『ビジョナリー・ピープル』『勇気ある人々』（英治出版）、『ヴァージン流』（エクスナレッジ）、『世界で最も偉大な経営者』『あなたがリーダーに生まれ変わるとき』（ダイヤモンド社）など、著書に『井深大がめざしたソニーの社会貢献』（ワック）、『マツダはなぜ、よみがえったのか？』（日経BP）などがある。日本ペンクラブ会員。日本自動車研究者ジャーナリスト会議（RJC）会員。

ドラッカーの講義（1991-2003）
——マネジメント・経済・未来について話そう——

2010年（平成22年）9月29日　第1刷発行
2010年（平成22年）10月16日　第2刷発行

著者 ——————— P. F. ドラッカー
編者 ——————— リック・ワルツマン
発行者 —————— 青木仁志

アチーブメント出版株式会社
〒141-0022　東京都品川区東五反田3-1-5
TEL 03-3445-0911／FAX 03-3445-6511
http://www.achibook.co.jp

翻訳 ——————— 宮本喜一
装丁・本文デザイン — 轡田昭彦／坪井朋子
印刷・製本 ——— 大日本印刷株式会社

ISBN 978-4-902222-95-1